与最聪明的人共同进化

HERE COMES EVERYBODY

CHEERS

CHEERS
湛庐

耶鲁的
心理学第一课
THINKING
101

[美]安宇敬 著
Woo-kyoung Ahn
陈晓宇 译

浙江教育出版社·杭州

你能消除给生活带来麻烦的认知偏差吗？

扫码加入书架
领取阅读激励

扫码获取全部测试题及答案，
测一测你能否消除认知偏差

- 当你遇到难题时，以下哪种策略可以帮助你更好地思考问题？（单选题）

  A. 搁置问题

  B. 专注于问题的细节

  C. 从不同的角度思考问题

  D. 不断回忆并反复思考负面事件

- 无论是挑商品还是看人，人们更看重：

  A. 正面信息

  B. 负面信息

- 知识渊博的人不一定是好老师或好教练，这是因为：（单选题）

  A. 他们大多不喜欢输出

  B. 他们看不起知识匮乏的人

  C. 他们认为服务他人是一种耻辱

  D. 他们很难站在知识比他们少的人的角度考虑问题

扫描左侧二维码查看本书更多测试题

献给

马文、艾莉森、内森

"教育"一词里包含了太多层次的东西。我认为最核心的是三点：第一，身体健康；第二，对自己的生活有掌控感；第三，面对未知的能力，这是最重要的，也是我们作为人的终极修行。而我们如何衡量一个人是否成熟？我想是意识到世界是有梯度的，它不是非黑即白、非好即坏的。《耶鲁的心理学第一课》这本书，能够帮助你更好地独立思考，以更成熟的心态面对未知的多元世界。

李一诺
一土联合创始人，畅销书《笑得出来的养育》《力量从哪里来》作者

《耶鲁的心理学第一课》巧妙地将严谨的心理学理论与生活中的实际场景相结合，充分调动读者批判性思考的能力，让逻辑更清晰、行动更有力、决策更明智、生活更美好。推荐给希望实现自我提升、追求卓越人生的读者。

张萌
作家，代表作《人生效率手册》

　　讲述关于思维的典型错误和偏差的书有很多,但安宇敬教授的这本书格外出色。她将书的主要内容限定在 8 个思考难题上,这使她能够用引人入胜的对话式文字深入地讲述每一个问题,而且她还揭示了基于研究的有效方法来限制问题可能产生的不良影响,为我们提供了一套有影响力的组合拳。

罗伯特·西奥迪尼

"影响力教父",知名社会心理学家

畅销书《影响力》作者

　　这本书为你的大脑提供了世界级的调试。它会润滑你的思维齿轮,重启你的认知引擎,让你走上做出更明智决策的道路。

丹尼尔·平克

未来学家,趋势专家

《驱动力》《全新思维》《全新销售》《憾动力》作者

　　这本书清晰地概述了那些对推理造成严重破坏的认知陷阱,可以说是一本重新审视我们该如何思考的专家级指南。

亚当·格兰特

宾夕法尼亚大学沃顿商学院组织心理学教授

畅销书《离经叛道》作者

这是一本必读书，一本关于人们如何思考的前沿研究指南。安宇敬教授在她广受欢迎的耶鲁大学课程基础上，揭示了为何更好地理解我们的大脑，能够让我们的大脑变得更聪明、更智慧、更善良。

保罗·布卢姆
知名认知心理学家、发展心理学家
《欲望的新科学》《苦难的意义》作者

生活中，我们每天都在做出判断，而我们并不总是做得很好。对于所有想要更好地思考的人来说，这本书都是无比珍贵的资源。安宇敬教授用清晰的语言、引人入胜且有趣的例子，结合前沿研究，讨论了我们经常犯的错误以及如何避免犯这些错误。

格雷琴·鲁宾
畅销书《幸福哲学书》作者
全球习惯和幸福领域极具影响力的专家

这本书将最好的科学理论与实用建议结合了起来，会帮助你做出更好的决策。安宇敬教授讲述故事言简意赅、幽默风趣，她向我们展示了如何通过思考来克服思考中的偏差。

马扎林·贝纳基
美国社会心理学家

安宇敬教授的这本书是一本非常及时的思考指南，它告诉读者我们的思考是如何出现问题的，以及可以做些什么来改变这一切。这本书里有很多幽默且具有警示性的故事，对于所有想要理解和克服强大而无形的思维陷阱以避免它将我们引入歧途的人来说，这是一本必读书。

劳丽·桑托斯
耶鲁大学心理学教授

安宇敬用引人入胜的例子向我们展示了如何理解和提高我们的推理能力。

安娜·罗斯林·罗朗德
畅销书《事实》作者

当人类的思想不起作用时，《耶鲁的心理学第一课》也会不起作用。不像其他许多探讨这个主题的书，这本书通俗易懂、引人入胜。安宇敬用有趣的故事和例子有力地说明了思维错误为什么会发生，为什么需要被重视，以及我们如何避免思维错误。这本书充满了对大脑如何工作的基于研究的见解，该领域的新人会发现这些见解清晰易懂，同时书中也包含了许多更专业的读者会欣赏的珍贵内容。

丹尼·奥本海默
卡内基梅隆大学心理学教授

《耶鲁的心理学第一课》基于充足的论据，提供了很有助于改善人们生活的建议。

《科学》

安宇敬擅长阐释心理学概念在日常生活中是如何体现的，她为读者提供了可以用来对抗认知偏差的实用技巧。这本引人入胜的书讲述了大量值得思考的内容。

《出版人周刊》

有价值的思维工具

很荣幸地宣布我的书在中国出版了。

不可否认，一直以来，大多数心理学研究都聚焦于西方社会。然而，在我前往美国继续我的学术之旅之前，我是在韩国长大并接受高等教育的。我有一种强烈的预感，这本书中讨论的研究发现将会引起广泛的共鸣，这其中就包括亚洲的读者。曾有一项研究特别对比了美国和中国参与者的观点，突出了显著的跨文化差异。我期待中国读者能够被书中有趣又具有启发性的见解所吸引。

这本书是我在耶鲁大学讲授的"思考"这门课的衍生品，但它不仅仅是一个课程总结。这本书的内容经过了精心的策划，约占课程内容的 30%，以吸引那些没有心理学背景的读者。因此，课程中的许多专业术语和复杂主题都被省略了。此外，还有一些主题没有被包含在这本书中，因为我的目的是集中讲述理性思考和认知错误。具体来说，这本书集中讨论有明确的正确或错误答案的情况，有趣的是，在这些情况下，我们往往会做出错误的选择。

　　在思考和决策领域，这本书与其他书的不同之处在于它的实用性。我结合了各种现实生活中的例子，以确保这本书能够超越理论研究，成为一个可以应用于现实世界的有价值的思维工具。我的目标是阐明常见的认知错误，并为读者提供切实可行的方法来提高他们的思维水平。我也已尽力以令人愉悦和易于理解的方式来讲述这些内容。

你需要做好的 8 个心理准备

我在伊利诺伊大学香槟分校读研究生时，研究的是认知心理学。那时我们实验室小组经常一起出去小聚，喝点啤酒、吃点玉米片。这时候最适合跟导师聊些一对一正式辅导时很少聊到的话题。有一次聚会，我鼓起勇气问了导师一个自己思考了好一阵子的问题："您觉得认知心理学能不能让世界变得更美好？"

我提这样一个问题多少有些不合常理，毕竟我已经投身认知心理学这么多年，现在才问这个问题未免有点晚了。然而，即便我已经多次在世界各地举办的认知科学学术会议上展示自己的研究，开始在备受推崇的心理学期刊上发表文章，依然很难向高中好友解释我的研究的现实意义。实验室小组聚餐那天，我刚刚费力读完一篇论文，作者撰文的主要目的就是炫耀自己有多聪明，吹嘘自己如何解决一个复杂问题，而这个问题在现实世界中根本不存在。这篇论文让我鼓起勇气向导师发问，当然，啤酒也给我壮了壮胆。

我们导师说话出了名的令人费解。如果我问他"下个实验是做 A 还是 B"，他要么隐晦地回复一个"是"，要么反问："你觉得呢？"这次我问了一个简单的是或否的问题，所以他回了一个简单的"能"。我和实验室伙伴静静地坐在那儿等了大约 5 分钟，等着他进一步解释，但他就回了这一个字。

在接下来的 30 多年里，我一直在研究有望应用到现实生活中的问题，试着自己去找到答案。2003 年，我开始在耶鲁大学担任心理学教授，研究对象是那些会将人们引入歧途的偏差，并提出纠正偏差的对策，这些对策可以直接应用于人们的日常生活。

除了这些特定偏差，我还深入探究一系列困扰我自己和家人，以及身边的学生和朋友的"思考难题"。对于一项作业，推迟到以后做要比现在做更痛苦，我的学生常常因为低估这一痛苦而犯拖延症，这是我亲眼看到的；我的学生去就医，医生只会问一些能证实自己的假设的问题，导致我的学生被误诊，这是我亲耳听到的；有些人遇到困难就会自责，因为他们只看到事实的一面，而一些人从不认为自己有错，这两类人都不幸福，这是我自己观察到的；有些夫妻认为他们之间的交流毫无障碍，但实际上根本不了解对方，这些人的沮丧，我同样看在眼里。

我也观察到了思考过程中的基本错误和偏差不仅会给个人生活

带来麻烦，还会引发各种社会问题，包括政治两极化、种族定性（ethnic profiling）、枪击案频发，还有刻板印象和偏见导致的其他各种问题。

我开设了一门名为"思考"的课程，教学生如何用心理学的知识来分辨和解决现实生活中的问题，帮助他们做出更好的人生规划。这正好满足了学生的真正需求，仅 2019 年就有 450 多人选修这门课。他们似乎特别渴望心理学方面的指导，还会互相交流。

我还发现一件耐人寻味的事，即学生家人来学校参观时，遇见我都会说，上我课的学生会打电话回家，跟家人讨论他们学到的处理生活问题的方法，有些学生甚至开始给家里人出主意。学校的同事跟我说，他们无意间听见学生在食堂热烈讨论这门课所涉及的一些实验的影响。当我跟专业以外的人聊到这门课上讨论的问题时，他们都会问我在哪里能找到更多相关信息。这些都表明，人们特别想要也极需要这些工具，于是我决定写这本书，让更多人能学到这门课程的内容。

我选取了贴近现实生活的 8 个问题，这些问题都是我身边的人以及我自己每天会面对的问题。每一章论述一个问题，一共 8 章，这就是你需要做好的 8 个心理准备，虽然论述中会涉及其他章节的内容，但你从哪一章开始阅读都没问题。

这本书虽然讨论的是思考过程中的错误与偏差，但并不是在讲人哪里有问题。思考难题的存在是因为人的脑回路很奇特，它们有合理的存在理由。**思考过程中的错误大多是人类高度进化的认知能力的副产品，也正是它们让人类这个物种发展至今，在地球上生存并繁衍。**

因此，这些错误的解决方法并非唾手可得。事实上，消除偏差的所有方法都是出了名的难。

此外，若想避免这些错误和偏差，只是知道它们的存在，并在心里提醒自己不要再犯错是不够的。那样就跟失眠差不多：失眠的时候，你清楚地知道自己睡不着，却拿它没办法。告诉失眠症患者要多休息根本不能解决问题。同样，尽管你可能已经熟知本书讨论的那些偏差，但我们仍然需要提供有效的对策，而不只是告诉你"别那么做"。幸运的是，越来越多的研究证实，人们能够借助一些可行的策略来更好地思考。这些策略还能帮助人们发现自身无法控制的事情，甚至纠正一些起初看似有用但最终适得其反的错误方法。

这本书的内容是基于我和其他认知心理学家的科学研究展开的。在本书引用的研究结论中，很多都经受住了时间的考验成为经典，有些则代表这个领域的最新成果。我在课上会从生活的不同领域广泛选取案例来论证每一个观点。我这么做是有原因的，你读到后面就明白了。

现在回到我当初向导师提的那个问题："认知心理学能不能让世界变得更美好？"从我第一次提出这个问题到现在，我越来越坚定地认为，答案是确定无疑的，和我导师的回答一样，"能"。我百分之百确定。

THINKING
101

*How to Reason
Better to Live Better*

第 1 章

你多久能学会 6 秒钟的
韩团舞蹈

　　列文森讲堂能容纳 450 人，是耶鲁大学最大的一个报告厅。每周一、周三的 11∶35 到 12∶50，我在这个报告厅讲授"思考"这门课，教室里几乎座无虚席。今天这节课讲"过度自信"，内容应该会特别有意思，因为我打算让几个学生到讲台上跟着视频学跳 K-pop（韩国流行音乐）舞蹈。

　　这节课开始后，我先给学生介绍了优于平均效应。一项研究表明，100 万名高中生给自己的领导能力打分，70% 的学生认为自己的能力高出平均

Thinking 101

优于平均效应：人们倾向于认为自己的能力、人格特质等优于同龄人的平均水平。

水平，60% 的学生认为自己与他人相处的能力可以排到前 10%；让大学教授评价自己的教学能力，有 2/3 的人认为自己的能力可以排进前 25%。在列举了几个这种自我感觉过于良好的例子后，我问学生："你们觉得有多少美国人认为自己的驾驶技术高于平均水平？"学生们喊出的数字比例子中的数字都要大，比如 80% 或 85%。他们边喊边笑，觉得这些数字很离谱。结果，他们的猜测还是太保守了，正确答案是 93%。

> **● Thinking 101 ●**
>
> **认知偏差:** 在预测与决策中，人在认知方面做出错误判断的倾向。

若想让学生真正了解自己思考过程中的偏差，只列举研究结果远远不够。我打算让他们亲自体会上述偏差，不然他们又会陷入"不是我"的思考陷阱——认为自己不会受到别人会有的认知偏差的影响。比如，一个时常感到不安的学生不会觉得自己过度自信。另一个学生总能准确估算出自己的考试分数，所以他觉得在评估自己和同学的领导力、人际关系、驾驶技术时，一样能做到实事求是。基于此，我让学生上台来跳舞。

我给学生播放了一段韩团舞蹈的视频，当时这个视频在网络上的播放量超过了 140 亿次。我特意选了舞蹈动作比较简单的一个片段，时长 6 秒。

播放完这个片段后，我告诉学生，能跳完这段舞蹈的人将获得我准备的奖品。我又把这段视频播放了 10 次，还播放了一段专门教人跳这段舞的慢动作教学视频。接着，我让学生来跳。10 位"勇士"走上台，想要一鸣惊人，台下的学生大声为他们欢呼。我敢打赌，台下的几百人都觉得自己能跳完，毕竟看了这么多遍，连我也觉得自己会跳。6 秒而已，能有多难呢？

台下的人要求上台的人面对观众而不是屏幕。音乐响起，台上的人手舞足蹈、上蹿下跳，完全随性，没有一个动作重样。有些人跳自创的新动作，有些人跳了 3 秒就放弃了。大家哄堂大笑。

流畅性效应的 3 种错觉

我们的大脑能轻松处理的事情会导致过度自信，这就是流畅性效应，它在我们身上有各种形式的体现。

> ● Thinking 101
>
> **流畅性效应**：我们的大脑能轻松处理的事情会导致过度自信。

学会的错觉

我在课上让学生学跳韩团舞蹈，其实是在模仿一项流畅性效应研究，该研究旨在探究人们在学习新技能时会产生的错误认知。[1] 这项研究要求参与者观看迈克尔·杰克逊（Michael Jackson）的一段 6 秒舞蹈视频，模仿他的太空步。太空步看起来很简单，杰克逊驾轻就熟，甚至不假思索。

一些参与者只看了一次视频，一些人则看了 20 遍。接着，他们要先给自己打分，评价自己跳这个舞步能跳得怎么样。那些看了 20 遍的人比只看了一遍的人自信得多。他们看了那么多遍，自认为已经记住了每个细微动作，并且能够轻松地在脑海中重现。最后真相揭晓：按照要求跳太空步的时候，两组参与者的表现并没什么差别。看 20 遍杰克逊跳太空步，却不练习一遍，最后跳起来只会跟那些只看过一遍视频的人一样。

人们总会有种错觉，看到别人毫不费力地展示一项绝活后，觉得自己也能照猫画虎。有多少次，我们在脑海中反复播放惠特尼·休斯顿（Whitney Houston）的《我将永远爱你》（*I Will Always Love You*）这首歌的高潮部分，觉得唱 "And A-I-A-I-O-A-I-A-I-A will always love you" 这句那么高的调并没有那么难；在网络上看别人做舒芙蕾，自己也跃跃欲试；看到别人节食前后的对比照就想换个食谱。

别人呈现在我们面前的成果是一个松软的舒芙蕾、一个身材结实的人，而且他们做起来是如此流畅、游刃有余、轻而易举，我们就错误地认为获得这些成果的过程同样流畅、轻松。读一本很容易理解的书时，你可能会觉得写这本书也很容易。没练过花样滑冰的人可能会好奇为什么有人会在做两周半跳时摔倒，明明很多选手都能轻松完成。人们不知道那本书经过了多少次修改，也不知道练习两周半跳有多辛苦。关于这一点，多莉·帕顿（Dolly Parton）[1]有句名言："我这副不值钱的样子可是花了很多钱的。"

TED 演讲也很好地说明了我们是如何被流畅性引入歧途的。这些演讲一般时长 18 分钟左右，这意味着演讲者的演讲稿只有 6～8 页。鉴于演讲者都是各自领域的专家，人们可能会觉得准备这么短的一段发言易如反掌，或许有些演讲者只是即兴发挥。然而，TED 指南表明，演讲者通常要花费几周到几个月的时间来准备。演讲指导为这种风格的演讲提供的建议更具体：台上一分钟演讲需要台下至少一个小时的排练。换句话说，每分钟演讲要演练大约 60 次。这近 20 个小时只是排练的时间，还没算上为这 6～8 页的演讲稿选取内容花费的数小时、数天乃至数周，而决定哪些内容不讲更为关键。

---

[1] 美国乡村女歌手，她在舞台上的表演形象已经成为歌坛独特的风景。帕顿总喜欢使用假发、亮闪闪的服装等华丽的装饰。——译者注

　　准备简短的演讲实际上比准备长演讲更难，因为演讲时你没有时间思考下一句话，也不可能想到哪儿讲到哪儿。我问过一个在知名咨询公司工作的学生，耶鲁大学教给他的知识在工作中能不能用得上。他回答说，希望耶鲁大学教给他一种在 3 分钟内说服客户的技能。这是最难的演讲，演讲者说的每个字都至关重要，而如果做得好，它看起来又那么容易。

知识的错觉

　　流畅性效应不仅存在于跳舞、唱歌和演讲这类技能的学习过程中，也出现在知识领域。一旦了解了新发现的来龙去脉，我们就会对其更为信任。

　　我们以胶带为例。人们用它来修补很多东西，从修补球鞋上的洞到在紧要关头给短裤加上一截。据说，胶带还能去除人身上的疣，有时甚至比常见的液氮疗法更管用。这很难令人信服，直到你听说疣源自病毒感染，通过把胶带贴在疣上，将病毒与氧气和阳光隔绝，就可能会杀死它们。对其背后原理的这番解释能让胶带的治疗效果听起来更可信。

　　我在学术生涯之初就研究这种错觉现象，即人们更愿意从相关性中找到因果关系[2]，因为更容易想象潜在的机制。同样一份实际数据，假如我们能够想象结果产生的流畅过程，我们就更倾向于直接断定存在因果关系。这没什么问题，除非这一机制有漏洞。当我们错误地认为自己了解一个流畅过程时，我们在归因时就有可能犯错。

我举个具体的例子。在从事这方面的研究时,我偶然读到一本书,名为《宇宙时钟》(*The Cosmic Clocks*)。这本书出版于20世纪60年代,作者是自封"新一代占星师"的米歇尔·高奎林(Michel Gauquelin)。此书一开始就摆出统计数据,尽管其中一些数据存在争议,但为了方便举例,我们假定它们都是正确的。比如,高奎林说,那些在火星升起或达到顶峰之后出生的人(别管什么意思),更有可能成为杰出的医生、科学家或运动员。他手握成百甚至上千个型值点①,通过复杂的统计方法证明自己的结论。然而,人们仍然对此持怀疑态度。高奎林自己也对这一发现感到困惑,并不断为其寻求解释。行星会在婴儿出生的时候以某种方式赋予他们某些特殊才能,这种假说在他看来不够科学,他给出了一个看似流畅的解释。高奎林在书中写道,从某种程度上说,我们的个性、特质和智力是天生的,也就是说,我们还在母亲的子宫里时就已经拥有它们。胎儿通过化学物质发出自己准备出生的信号,接着孕妇临产。在地外事件产生的引力波的作用下,拥有某些特殊才能的胎儿会发出出生的信号。有了这样一番详尽的解释,即便是怀疑论者也免不了掉入陷阱,对这番论断的态度从明确的"不可能"转变为不置可否的"嗯……"。

无关事情引发的错觉

流畅性效应导致的第三种错觉最隐蔽、最荒谬。前文讨论的是可感知的流畅性对身边事物的影响。对于摆在面前的任务,可感知的流畅性让我们低估了执行任务的难度。对某些主张背后的机制进行一番

---

① 型值点是指通过测量或计算得到的曲线或曲面上少量描述曲线或曲面几何形状的数据点。——译者注

解释，即便"事实"没有任何改变，原本不被接受的主张也变得可接受了。**我们的判断会受无关因素可感知的流畅性的影响，即便这些因素与我们的观点毫无关系。**

有研究人员研究了股票的名称是否会影响人们对其市场表现的预测。[3] 结果是会影响，这其中也体现了流畅性效应。一开始，研究人员编了一些股票名称，有些名称朗朗上口（如 Flinks、Tanley），有些比较拗口（如 Ulymnius、Queown）。在没有其他信息的前提下，参与者断定名称好读（流畅）的股票会升值，名称拗口（不流畅）的股票会下跌。

研究人员还研究了真实的股票名称，比如南太平洋铁路公司（Southern Pacific Rail Corp）和广深铁路股份有限公司（Guangshen Railway Co.），追踪这些股票在纽约证券交易所的价格变化。他们发现，名称好读的股票比名称难读的表现好。他们分别买进 10 只名称流畅的股票和 10 只名称不流畅的股票，对比两组股票交易 1 天、1 周、6 个月和 1 年的收益，结果发现，名称流畅的那组收益比不流畅那组分别多出 113 美元、119 美元、277 美元和 333 美元。

读到这儿，有人可能会认为，这不过是因为股票投资者对名称不流畅的股票感到陌生。因此，在上述研究的最后阶段，研究人员把目光投向 3 个字母的股票交易代码，研究代码的可读性。卡尔拍卖服务公司的股票代码 KAR 能拼读，而惠普公司的股票代码 HPQ 就没法拼读。结果是，代码可拼读的公司股票表现比代码不能拼读的股票要好得多，无论是在纽约证券交易所还是在美国证券交易所都是如此。股票代码的相对流畅性显然与公司业务无关，投资者却对那些代码像单词一样可流畅拼读的公司寄予厚望。

如果你对股票市场没兴趣，我们来聊聊隐藏在网络搜索中的流畅性效应。如今，我们可以通过搜索引擎搜到各种信息，能轻易获得专业信息会导致过度自信，让人们觉得自己所知甚多[4]，甚至对那些自己没有搜索的内容也了如指掌。

有项研究要求参与者回答"为什么会有闰年""月相是怎么来的"等问题。参与者被分成两组，一组在网上寻找答案，另一组则不能这么做。接着，所有参与者要回答新的问题，比如"是什么引发了美国南北战争""为什么瑞士奶酪上有洞"，这些问题与第一阶段的问题没有关系，所以之前在网上寻找答案的那组参与者在这一阶段没什么优势。你可能会认为，两组参与者对第二阶段的问题会持有同样确定或不确定的态度。结果是，第一阶段上网搜索的那些人认为自己比没搜索的人懂得更多，连那些没搜索过答案的问题，他们也能回答。获取无关信息足以让人们对自己智力的信心暴增。

对我们有利的启发式，有时也会有害

即便了解了流畅性效应，我仍会时不时掉入它的陷阱。有一回，我在网上看到一段 40 分钟的视频，内容是如何给长毛狗梳毛。接着，我花了 40 分钟给我家那只可爱的哈瓦那犬梳毛，最后以失败告终。美国养犬俱乐部说："不管怎么摆弄哈瓦那犬的毛发，它们都好看。"这点我可不赞同。

我还喜欢看园艺产品手册。一看到册子里得到人们精心照料的花园，尤其是菜园，我就忍不住下单买一堆菜种，足够种满 4 000 多平方米的土地。当然，我没有那么大的地方，但我会用特殊的室内灯催芽。付出那么多时间和金钱，收获却根本拿不出手。去年的收成不过 4 个辣椒和一些羽衣甘蓝，我们吃了 3 顿羽衣甘蓝沙拉就没了。明明产品手册上写得挺容易啊！

　　我研究和教授认知偏差 30 多年，依然抵抗不了诱惑，被宠物造型师轻松流畅的演示和繁茂花园的漂亮照片冲昏头脑。了解认知偏差不正是为了识别并避免它吗？如果我真的是这方面的专家，为什么没能跳出误区呢？

　　答案是，即便了解认知偏差，我们依然容易受到影响，因为大部分（或者说全部）认知偏差是我们大脑高度适应机制的副产品。这些机制随着人类几千年的发展而进化，帮助人类这个物种生存下去。不能说消除就消除它们。

　　流畅性效应源自认知心理学中的元认知这个简单直接的概念，即知道自己是否知道某事，比如你知道如何游泳，知道什么是固定利率抵押贷款。

> ● Thinking 101
>
> **元认知**：知道自己是否知道某事。它是认知的重要组成部分，可以指导行动。

元认知是认知的重要组成部分。如果不会游泳，你就知道不要跳进深水池，天再热也不能通过这种方式给自己快速降温。如果你没听说过固定利率抵押贷款，你就知道在签贷款合同之前要了解它。元认知指导行动：知道自己知道什么，我们就明白该追寻什么，该避免什么；哪些水池可以跳，哪些不可以。我们的生活离不开元认知。

元认知最有用的一条线索是熟悉、轻松、流畅的感觉。我们熟悉自己知道和能做的事情。如果我问你认不认识约翰·罗伯逊（John Robertson）先生，你会根据对这个名字的熟悉程度回答"认识"、"不认识"或"可能认识"。在外国的租车行里，孤身一人的你发现这个地方只能租到手动挡的车。左脚踩离合器，同时右手换挡位，你对这个动作的熟悉程度决定了你是否知道如何开手动挡车。

熟悉程度只是一个启发式①、一条经验法则、一条妥协的捷径，让人不用花费太多力气就能找到解决问题的方法。比如，判断一个人买得起多少价位的房子，一个众所周知的依据是贷款28%定律，即房子的月供不应超过每月税前收入的28%。启发式提供的不是最佳选项。28%定律只是一个粗浅的建议，你最终能否买下某套房子，或者是否有能力买房子，取决于许多因素。同样，**在无法全面确定自己所知的情况下，我们习惯于根据熟悉程度或流畅性做出元认知判断**。我们不可能在每次需要判断自己是否会游泳时去做游泳测试，于是就依赖我们熟悉的感觉。

这么做的问题在于，在大多数情况下对我们有利的启发式有时候也会对我们有害。就像我之前举的例子，在观看太空步视频20遍之后，人们会认为自己对这种舞步非常熟悉，这种熟悉感或者说流畅性会让他们误以为自己也能跳。同样，播种、施肥、浇水，最后收获美味的蔬菜，想象这个过程很简单，简单到即便是研究认知偏差的教授也产生了错觉，认为自己是园艺高手。

---

① 启发式是一种解决问题或做出决策的技术，使用最少的相关信息、过去的结果和经验，在合理的时间内找到可行且实用的问题解决方案。——译者注

　　流畅性或者说熟悉度的启发式虽然有时会将我们引入歧途，但能帮助我们了解自己真正知道什么。这可以很好地解释为什么人类会依赖这一启发式，因为元认知的好处多过其引起错觉的害处。如果你觉得这太深奥、太抽象了，那我再讲具体一些。我们用诺贝尔经济学奖获得者丹尼尔·卡尼曼（Daniel Kahneman）[①]的著名视错觉发现做类比，他在著作《思考，快与慢》（*Thinking, Fast and Slow*）中描述了这一发现。

　　我们用眼睛看到的世界是投射在视网膜这个平面上的。视网膜是眼球底部的一层感光组织，它是平的，所以我们大脑通过它接收到的图像是二维的。问题在于，世界本身是三维的，我们大脑中的视觉系统会借助各种线索感知这个三维世界。其中一种线索是线性透视，如图 1-1 所示，两条平行线看起来好像会交会于远处的某一点。我们的视觉系统会自动判定，只要看到两条线在远处某个消失点交会，靠近消失点的物体（线段 A）与观者之间的距离一定大于前景中的物体（线段 B）。我们已经知道离我们远的物体看起来小一些，当看到两条等长的横线放在线性透视图中时，我们的视觉系统会判定离消失点更近的那条线段更长。事实上，线段 A 和线段 B 等长，但我们的视觉系统"认为"A 比 B 看起来要长。这就是所谓的蓬佐错觉，以发现者意大利心理学家马里奥·蓬佐（Mario Ponzo）的名字命名。你可以用尺子或者自己的手指测量 A 和 B，它们完全等长，但看起来就是 A 更长。与此类似，对于流畅性效应等认知错觉，即便在你知道那是错觉之后，它们依然存在。

---

① 卡尼曼的另一本著作《噪声》通过两个公式揭开了"判断出错"的本质，并且通过对三种噪声的系统性分析带你直击噪声。该书中文简体字版已由湛庐引进、浙江教育出版社出版。——编者注

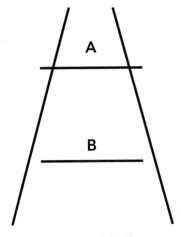

图 1-1　线性透视

此外，为了避免过度自信而忽略自己的流畅感，就如同为了克服蓬佐错觉放弃线性透视而将世界看作平面，两者同样荒谬。错觉来自我们认知系统采用的各种线索和方法，这些线索和方法是认知系统对世界的适应，让我们能在充满无限可能性的世界里活动。显然，如果产生蓬佐错觉的系统能让我们感知世界的三维结构，那么这一错觉就可以忍受。同样，如果依靠流畅感能判断我们知道或不知道什么，即便它有时会将我们引入歧途，也没什么不好。

不过，视错觉的类比到此为止。视错觉于人无害，而在缺乏充分证据的情况下，过度自信则会带来严重后果，这些后果远比暂时毁了一条哈瓦那犬的形象，或者在菜场多花 50 倍的钱买 4 个辣椒严重。准备不充分，你可能会搞砸一次事关职业生涯的演讲；由于市场上一只股票的名称而高估其价值，你可能会输掉全部身家。

仅仅知道流畅性效应的存在和危害还不够。这就像体重超标，我们的身体生来就渴望食物，想要减重就不能只想着少吃点，还要采取措施对抗身体对食物的渴望。那么，在元认知根深蒂固的前提下，我们能否避开流畅性效应？答案是肯定的。

尝试去做，打破流畅性效应

虽然流畅性效应源自我们的认知系统对这个世界的适应，但这并不意味着我们没法克服它。方法很简单，**身体力行，让一件事变得不流畅**。你先大声念一遍稿子，再面向听众演讲；你先烤一份舒芙蕾，再邀请女朋友的爸爸来品尝；你先在浴室里对着镜子把《我将永远爱你》这首歌唱一遍，然后在公司聚会上当着老板的面演唱。不需要别人的反馈，你自己会先受不了，流畅的幻觉就消失了。在列文森讲堂跳舞的那 10 个学生，之后肯定不会觉得自己不加练习就能学会 K-pop 舞蹈。

尝试去做，这种方法看似很简单，但令人意外的是，很少有人真正去尝试。有些人认为在脑子里把流程过一遍，不用动手去做，就算尝试了。想象自己跳 K-pop 舞蹈，想象自己给客户做展示，反而会强化流畅性效应：在大脑中模拟这个过程时，一切都流畅顺利，这又助长了你的过度自信。你必须一个字一个字地写下演讲稿，再动用舌头和声带大声读出来；你要用自己的双手、双腿和臀部跳出每个舞蹈动作。

排练，不只是为了学会某项技能。我们总会夸大自己的知识量，觉得自己知道得多，实际上知道的并没有多少。研究表明，一个人说出自己所掌握的知识后，即便没有听众，过度自信也会减少。[5]在这项研究中，参与者首先要给自己所掌握的知识打分，认为自己对马桶、缝纫机、直升机等事物的运作过程了解多少。满分 7 分，即"对运作过程了如指掌"；最低 1 分，即"完全不了解"。你会给自己打多少分呢？我们对这些事物都不陌生，也见过它们流畅工作。虽然不能自己动手做一个，但我们多少知道其工作原理和用途，尤其是冲马桶，我们最熟悉。研究发现，参与者自我评分的平均分居中，在 4 分上下。虽然这看上去有些保守，却恰恰表现出了流畅性效应引发的过度自信。

你也可以自己测一下，选择上述任一事物，比如直升机，逐条写下或者说出它的工作原理。现在来给自己对直升机的了解打分吧。经过上述测试后，大部分参与者对自己的知识量变得很没自信。尝试解释自认为了解的事情就足以让他们意识到，自己的知识量比自以为的小得多。你还可以像这项研究一样更进一步，问自己"直升机怎么从悬停转换为前进"等问题。每回答一个问题，参与者的自信心就减少一分。

这种现实核查经常出现在面试中。"你为什么应聘这个职位？""你的优缺点是什么？"我们都知道面试官经常问求职者这些问题，你觉得自己已经知道如何应对。假如面试官问你："你的优点是什么？"你会感到窃喜，因为你已经准备好"组织能力强"这个答案。接着，面试官进一步发问："能举几个例子吗？"你的大脑一片空白，你能想到的例子就是按首字母给调料罐排序。面试官又追问："这对你做这份工作有什么帮助？"这一刻你意识到，自己不会再有机会搞清楚这个问题的答案了，因为你不会被录用。

　　说清楚实际问题的答案，这一点很关键，这样你才能客观地看待自己的答案。你可以把答案写出来，并将其视作别人的回答，然后看假如自己是面试官，是否会录用此人。你还可以给自己录像。我知道，看自己的视频特别难受，但是在那些能决定是否录用你的人给你打分之前，你最好搞清楚自己回答得到底好不好。

　　提升自己的演讲能力、面试技巧，在节日聚会上避免尴尬，减少过度自信，这不仅能让个人受益，还能造福社会。一项研究表明，减少过度自信能缓和政治两极化。[6] 很多人对堕胎、社会福利和气候变化等社会议题持有鲜明的态度，实际上他们对这些问题知之甚少，而且在被迫解释它们的时候才意识到这一点。

　　在一项研究中，研究人员向参与者展示各类政策，包括对伊朗的核试验实施单边制裁、提高退休年龄、建立碳排放总量控制和交易制度、实施单一税率等。参与者要表明自己对这些政策是支持还是反对。接着，他们要评估自己对每项政策的影响的了解程度。

　　与之前的直升机研究一样，参与者还要写下每项政策的影响。写完之后，他们需要重新评估自己对这些政策的了解程度。和上一个研究一样，他们对自己的信心降低了。让参与者用文字来表述自己对政策的理解，就能让他们意识到自己的认识有多粗浅。到这里，本项研究的发现与直升机研究没有差别。

　　不过，这项实验的最后一部分值得注意。在研究接近尾声时，参与者要再度评价自己对每个政策持有的立场。结果显示，过度自信一旦减少，他们就会变得更谦卑。知识错觉越不牢固，人们就越不会走向极端。值得一提的是，他们对相反观点的看法依然很尖锐。让他们自己解释，这样就够了。

正因如此，社会需要持不同观点的人相互展开对话。我们往往会被与自己观点相同的人吸引。待在这样的信息茧房里，我们不会讨论自己所支持的政策的影响，因为同一战壕里的人都知道。只有在被迫向持不同观点的人解释自己所持立场之时，我们才会意识到自己的知识漏洞和论证缺陷，并着手改善。

给自己留出多一半的时间

在很多情况下，仅仅通过尝试某项技能或清楚地表述自己所掌握的知识并不能减少过度自信。此时，我们就要考虑规划谬误了。

● Thinking 101

规划谬误： 人们常常会低估完成一项任务所需的时间和精力，这便是规划谬误。

人们常常会低估完成一项任务所需的时间和精力，导致错过交稿日期、超出预算或任务没结束就耗尽了精力。规划谬误最典型的例子就是悉尼歌剧院工程。最初该工程的预算是 700 万澳元，最终花费了 1.02 亿澳元，这还是削减后的支出；工程时间也比最初预计的多了 10 年。丹佛国际机场的建设超预算 20 亿美元，超时 16 个月。有些人认为，这引发了许多跟机场有关的阴谋论。其中一个说法是丹佛机场的建设时间之所以这么长，是因为建造了一个巨大的秘密地下掩体，亿万富翁和政治家在世界末日到来时可以在这里避难。当然，也有人说跟外星人有关。这些阴谋论传播甚广，丹佛机场甚至成了一座阴谋博物馆。新英格兰人都会想到的规划谬误是波士顿中心隧道工程，该工程超预算 190 亿美元，超工期 10 年。

　　除了工程项目，信息技术项目中也会出现规划谬误。斯坦迪什咨询集团（Standish Group）是全球知名的第三方信息技术咨询企业，每年都会发布各类信息技术项目的追踪报告。你可能会认为信息技术行业的人能够利用过去的数据对未来进行准确预测。然而，斯坦迪什的报告显示，2011—2015 年，美国成功的信息技术项目占比仅为 29% ～ 31%，这里的成功是指在规定时间和预算内实现所需的所有功能。一半的项目或延迟交付，或超出预算，或漏掉需要的功能；17% ～ 22% 的项目则以失败告终。目前来看，这种情况并没有改善的迹象。

　　规划谬误源自两个因素。一是愿望思维，我们总是希望自己的项目尽快完成，花费不多，这样的愿望会反映在我们的规划和预算中。

　　二是流畅性效应。**规划谬误在很大程度上是一种由流畅性效应引发的过度自信。**我们在规划的时候往往只关注项目如何运行，注意力只放在那些能促成项目的事情上。我们在脑海中想象运行过程的时候，事情进展很顺利，过度自信由此产生。

　　一项针对规划谬误的研究[7]精准地揭示了这一过程，同时告诉我们不要做哪些事情才能避免这一谬误。在这项研究中，参与者要估计自己为家人朋友购买圣诞礼物所需的时间。平均来说，他们估计自己能在 12 月 20 日之前完成。这恰恰是规划谬误的例证，最终这些人直到 22 日或 23 日才完成购物计划。

若想避免规划谬误，制订步骤详尽的计划似乎是个不错的主意。因此，研究人员让另一组参与者详细写下他们的圣诞采购计划。比如，一位参与者列出家庭成员，并为每位成员选择合适的礼物。另一位参与者则计划哪天去哪个商场，在商场给每个人买什么。这样的计划看起来肯定能实现。那么，这些计划能否让他们准确预估购物时间呢？结果表明，这一组参与者的规划谬误更离谱：大部分人认为自己能在圣诞节前一周完成，比那些没有做详细计划的还早 3 天。最终，他们也在 22 日或 23 日完成。

步骤详尽的计划之所以会加剧规划谬误，是因为这样的计划让他们觉得自己的购物会轻松又顺利，就像电影《风月俏佳人》（Pretty Woman）里的朱莉娅·罗伯茨（Julia Roberts），在不到半天的购物狂欢中找到所有合身的衣服；或是像电影《独领风骚》（Clueless）里的艾丽西亚·希尔弗斯通（Alicia Silverstone），轻轻松松地提着两个巨大的购物袋走在街上，脸上没有一丝倦容。

这并不是说我们不应该制定详细步骤。把一项任务细化为可操作的具体步骤，为每一步设定截止日期，这是规划的重要工作，当手头的任务比节日购物更复杂时更是如此。另有研究表明，把一项任务分成若干子任务，能在一定程度上减轻规划谬误。分解任务能让人们认识到事情不像想象的那么简单。不过，我们还要注意，**过于详尽的计划依然会引起流畅性效应，放大个体的控制感，加剧规划谬误。**

那么如何对抗流畅性效应呢？我在前文说到，我们可以通过身体力行来减少流畅性带来的过度自信。克服规划谬误的矛盾之处在于，规划发生在实际执行之前。我们没法练习圣诞购物或者建造一座剧院。我们能做的是考虑潜在的阻碍，让大脑中的模拟变得不那么流畅。

我们能想到的阻碍有两种，大脑对其中一种更熟悉，那就是与任务直接相关的阻碍。节日购物的时候会堵车，尤其是圣诞节前的周末，或者你想给奶奶买的那件豹纹开司米开衫不巧卖完了。这些阻碍可能会被你纳入计划。

与任务无关的因素常常被忽略，比如你感冒了，猫走丢了，热水器漏水，你儿子扭了脚，等等。诸如此类的突发事件很难预料，可能性太多了。此外，即便你记得去年圣诞购物周的时候儿子崴了脚，一整天都待在急诊室，你也不会认为今年还会遇上这种事。

意料之外的事情其实是已知的未知数。在日常生活中，有一点是确定无疑的，那就是意外总会出现。我们只是不知道具体是什么。我采取的对策很简单：**在最初估计用时的基础上再留出一半时间**。比如，我觉得 2 天能看完一份稿子，我会跟合作者说，我需要 3 天。这不是基于科学数据，而是我个人经历了许多规划谬误后总结出的经验。我觉得这个方法很好用。

避免盲目乐观

在思考如何避免流畅性效应的同时，我们还有必要讨论一下会放大该效应的因素，乐观就是其中之一。乐观是引起流畅性效应的润滑油，它能让一切看起来运行顺畅。我们在乐观的时候会对潜在的挫折与阻碍视而不见。

不过，乐观总归是好事。保持乐观能减轻压力，让我们感觉更开心。感觉开心，压力缓解，又能改善生理和心理健康，可能正因如此，乐观主义者活得更长。乐观不仅对健康有利，也是人类生存的关键。我们都知道自己最终会死，如果不对未来保持乐观，就没有动力去追寻生命的意义。

有些人认为乐观主义者在竞争中更具优势。假如汤姆和杰瑞是生意场上的对手，总是竞标同一个工程项目。汤姆的公司比杰瑞的大得多，几乎次次胜券在握。如果杰瑞没点乐观精神，只看到客观事实，那他肯定会直接放弃。如果杰瑞保持乐观，那他至少可以通过承接汤姆看不上的工程在市场上赢得一席之地。

在某种程度上，人类天生乐观，对鸟类和老鼠等动物的研究证实了这一点。[8] 在一项研究中，研究人员对欧洲椋鸟进行训练，让其听到时长 2 秒钟的声音就按动红色杠杆来获取食物，听到 10 秒钟的声音就按动绿色杠杆来获取食物。如果按动的杠杆的颜色与时长不匹配，它们就得不到吃的。研究人员还给红色杠杆增加一个好处，即按动红色杠杆马上就会获得食物，按动绿色杠杆则要等上一会儿。谁愿意等呢？在鸟儿理解了这些触发条件之后（这些鸟竟然学会了），研究人员耍了个花招，这次他们播放的声音不长也不短，持续 6 秒。这些鸟儿会按动哪个颜色的杠杆呢？它们都是乐观主义者，尽管时长不确定，它们还是按下了红色杠杆，也就是能更快获得食物的那个。

　　乐观是大多数人的常态，所以很容易加剧流畅性效应，导致盲目乐观。**现实的乐观主义是指，你知道杯子里还有半杯水，或者相信黑暗尽头有光明。盲目乐观是指，你看不到杯子里只有一半的水，或者根本不承认自己身处黑暗。**有个盲目乐观的事例，各位都记忆犹新。新型冠状病毒感染疫情（后文简称疫情）暴发的最初几周里，美国的应对措施表现出了典型的盲目乐观。一些人认为，病毒会在春天随着日照时间的增加和气温的上升而自行消失。采取封控和检疫措施，没有音乐会，没有假期，餐馆也不营业，这样的生活持续超过一年，简直无法想象，不如相信等流感高发季节过去，一切就会恢复正常。于是，很多人陷入盲目乐观。那么如何避免重蹈覆辙呢？

　　回想过去的同类事件，用过去的经验教训指导当下的行动，是遏制盲目乐观的有效方法。回想过去的同类事件虽然有用，但还不够。就算提起过去的同类事件，我们可能也只会说："哦，这次跟以前不一样。""有了上次的教训，我们不会重蹈覆辙。"疫情刚出现的时候，很多人将其与 1918 年大流感相提并论，但那次大流感的教训很快就被抛到一边——"现在的医学这么发达，再说，这是两种不同的病毒"。

　　这清楚地表明，如果我们只把目光放在今昔的不同上，那么过去的经验就不足以帮助我们克服盲目乐观。**只有假定这次的情况和之前一样糟糕，并据此制订计划和预测未来，才能遏制我们编造借口维持盲目乐观的势头。**对疫情的预测要基于数据，这比基于直觉和愿望思维的预测靠谱得多。

我家的房子整修计划

　　作为本章的结束，我们来聊聊我家房子的整修计划，结合本章的内容谈谈如何让这一工程更顺利。我家的房子有 100 多年历史，却没有一点老房子的优点。我们之所以买它，纯粹是因为位置好。房子一半的窗户要么关不上，要么打不开。客卫的装修风格仿佛还停留在 20 世纪 60 年代，装饰材料不是塑料就是油布，再好看的浴帘和浴巾都遮不住。原有的披叠板①被暴风刮掉，落在花园里，成了现成的护根覆盖层。最让我受不了的是那堵半墙，莫名其妙地把客厅分成两半，疫情期间我每天只能在这样的客厅活动，快疯了。于是，我们决定把它推倒。

　　我和丈夫都不知道怎么整修房子。25 年前买第一栋房子的时候，我们问房主，下雨时那些平开的窗户怎么办，我们担心雨水会破坏精美的木窗扇。房主说："把窗户关上就行了。"他变得有些紧张，担心这栋自己亲手建造的房子到了我们手里下场堪忧。不过，根据这一章的内容，我对整修房子没有信心反而成了一个巨大的优势。

　　推倒客厅的半墙看起来就是简单地用大锤猛击，但也可能成为流畅性效应的又一例证，楼上的主卧可能会因此完蛋。我还给客卫选择了极简风设计，在我家应该不难实现，极简主义不就是简单容易的代名词嘛。然而，多位房屋整修专家建议我，工程时间和预算要比承包商估计的多留出 50%，我们照做了。换窗户的时候，工人们可能

---

① 披叠板是指覆盖在建筑外部的材料，有防止热量散失、统一建筑外观等作用。——译者注

会发现水渍、霉菌、黄蜂巢，以及其他我拒绝承认的家里存在的问题，所以我需要做好心理和经济上的准备。上次的房屋整修还带给我一个教训，即不能让承包商做主，他会自作主张，发挥奇怪创意。这次我不会让承包商独自一人在现场待太久。整修可不是翻翻《建筑文摘》（*Architectural Digest*）杂志就能搞定的，不过冲破这片黑暗后，尽头一定有光明在等我。

心理学
第一课

1. 我们的大脑能轻松处理的事情会导致过度自信，这就是流畅性效应。克服流畅性效应的有效方法是：身体力行，让一件事变得不那么流畅。

2. 我们常常会低估完成一项任务所需的时间和精力，这可能会让我们错过交稿日期、超出预算或任务没结束就耗尽了精力，这就是规划谬误。一个有效的应对方法是：给自己留出比计划用时多一半的时间。

3. 回想过去的同类事件，用过去的经验教训指导当下的行动，可以有效避免盲目乐观。

THINKING
101

How to Reason
Better to Live Better

第 2 章

你认为 "2, 4, 6" 这 3 个
数字的规律是什么

　　一天傍晚，我正准备下班时接到了碧丝玛（化名）的电话。我以前指导过碧丝玛选课，她也是"思考"这门课上最聪明的学生之一。我从电话里听出来她似乎很沮丧，跟平时判若两人，她原本可是对什么都颇有兴致。我停下手头的事情，专心听她讲述。

　　碧丝玛说她去看了医生，刚从诊所出来。她从高中开始就患上了一种食不下咽的怪病，早晨尤其严重，有时候这种反胃恶心会让她晕过去。因此，碧丝玛很瘦。她看过很多医生，也排除了乳糜泻、胃溃疡、胃癌等可能，但始终没有找到病因。那天她之所以去看一位新的医生，是因为想在动身去尼泊尔和约旦交换学习之前再开些止吐药。医生耐心地听完她描述自己的症状，然后问道："你是不是喜欢呕吐的感觉？"

　　碧丝玛立刻明白了，这位医生怀疑她得了厌食症。她一下子愣住了，医生接下来说了什么她都不太记得了。根据后来碧丝玛的回忆，两人的对话大致是这样的：

　　碧丝玛：不，我不喜欢。

医生（做思考状，病人肯定不会承认自己有问题）：你到底喜不喜欢吃东西？

碧丝玛（心想：我这种消化一直不好的人怎么会喜欢吃东西）：不喜欢。

医生（做思考状，我就说吧，这下找到原因了）：你想自杀吗？

碧丝玛：当然不想！

这时，碧丝玛沮丧到了极点，离开了医生的诊室。医生一定觉得她的这种反应是歇斯底里式否认，他更加确信自己的诊断没错，而碧丝玛的逃离是在回避自身的问题。医生追着她到了候诊区，当着其他病人的面冲她喊道："赶紧回来！你的问题很严重！"碧丝玛冲进车里，给我打电话。

后来，碧丝玛的交换学习进行到一半就因为疫情终止。在国外的两个月，她的症状竟然消失了。谁也不知道是什么导致她呕吐和体重下降。现在碧丝玛怀疑自己对美国的某种物质过敏，远离过敏原的那两个月，她的免疫系统就恢复正常了。可以确定的是，她从未接受过厌食症治疗，大三的学习计划因全球疫情肆虐而中断，她的压力肯定也不小。

现在我们知道那位医生的诊断是错的，也明白他为什么对自己的诊断如此自信。碧丝玛很瘦，大多数导致呕吐的原因都被排除了，她又告诉医生自己不喜欢吃东西，而且对潜在的心理问题表现出强烈的排斥。那位医生不靠谱的地方在于，他只问了那些能证实自己怀疑的问题，无论碧丝玛的回答是什么，这样提问只会让他进一步确认自己的想法。

沃森的 2-4-6 实验

我们来做个实验：我给出一个由 3 个数字组成的数列，数字的排列顺序遵循一个简单的规律，你要找出这个规律。寻找规律的方法是拿一个由 3 个数字组成的数列来找我验证，我会告诉你这个数列是否符合规律，你尝试多少组数字都行。你觉得找到规律了就告诉我，看看是不是符合我最初给出的数列的规律。

准备好了吗？这 3 个数字是"2，4，6"。

你会验证哪 3 个数字？这个找规律实验通常会这样进行。假设有个叫迈克尔的学生找我验证，他给出"4，6，8"这组数字，我说这组数字符合规律。迈克尔觉得自己找到规律了。"太容易了，"他说，"规律就是以 2 递增的偶数。"我说，不对。

迈克尔开始修正自己的假设。"好吧，"他心想，"可能不是递增偶数，而是以 2 递增的任意数字。"他对自己的发现很有自信，于是又验证了"3，5，7"这组数字，觉得我的回答一定是符合。确实，我说"符合"。他不放心，又试了"13，15，17"这组数字，我的回答又是肯定的。迈克尔满怀信心地宣布："规律就是以 2 递增的数列！"我说，规律不对。在美国学术能力评估测验（SAT）中，迈克尔的数学分数可高了，所以这对他的打击很大。他继续验证：

迈克尔："–9，–7，–5"。

我：符合。

迈克尔：嗯……好吧，那"1 004，1 006，1 008"呢？

　　我：符合。

　　迈克尔：天哪，怎么可能不是以 2 递增的数列呢？

　　这正是彼得·沃森（Peter Wason）的 2-4-6 实验中参与者的典型表现。[1]迈克尔不过是在收集能够证实自己的假设的证据。验证数字很有必要，但还不够，还要推翻自己的假设才行。我们再来看看我和迈克尔列出的符合规律的几组数字：

　　2，4，6

　　4，6，8

　　3，5，7

　　13，15，17

　　−9，−7，−5

　　1 004，1 006，1 008

　　适用于这几组数字的规律有无数种，可以是以 2 递增的位数相同的数字，也可以是以 2 递增的大于−10 的数字，还可以是以 2 递增的大于−11 的数字，等等。

　　我们无法验证所有假设，关键是目前的数列可以归纳出那么多规律，只认定脑子里冒出的第一条假设是无法找出正确答案的。

　　顺着这个思路，迈克尔决定另辟蹊径："按照某一相同差值递增的数列。"为了推翻最初的假设，并证实这次的假设，他给出"3，6，9"这组数字，我说符合。

迈克尔：我知道了。那 "4，8，12" 呢？

我：符合。

迈克尔（列出一个很厉害的代数式，证明自己脑子好使）：好，我敢说规律一定是 X+k，X 是任意数字，k 是一个常量。

我：不对。

迈克尔此时要再次推翻自己的假设。他特别沮丧地随便给出一组数字。

迈克尔："4，12，13"？

我笑了，告诉他，这组也符合规律。

迈克尔：什么？

他找到了关键，不符合他之前提出的假设。他思考了一会儿，说："'5，4，3' 呢？" 我摇摇头，这组数字不符合规律。此时，迈克尔越发谨慎，小心地问："**规律是以任意值递增的数字**？"

我说："对，就是这个！"

证实性偏差，人们总是会证实已经相信的观点

沃森是伦敦大学学院的认知心理学家。1960 年，他设计了著名的 2-4-6 实验，首次通过实验证明了他称之为证实性偏差的现象，即人们倾向于证实自己已经相信的观点。在那个年代，几乎所有研究

> ● Thinking 101
>
> **证实性偏差**：人们总是去寻找与他们持有观点相一致的信息，任何与其观点相冲突的信息都会被忽略，而一致的信息则会被高估。

推理的心理学家都认为，人是有逻辑的理性动物。在人们看来，创造了"证实性偏差"这一术语的心理学家也不例外，沃森本人却要推翻这个普遍观点。

在沃森的第一次实验中，只有大约 1/5 的参与者第一次就找到了规律，没有验证错误规律。这么简单的问题，却有那么多人找不到答案，这让沃森感到震惊。他认为是实验结构本身有问题，于是想尽办法补救。在哈佛大学重复该实验时，参与者只有一次机会找到正确答案。沃森希望这样能迫使他们再三思考后再给出答案。即便如此，73% 的人还是回答错误。

有些参与者甚至不接受实验人员给出的正确答案，坚称"这些数字都对，这个规律不会错"，"规律不是绝对的。如果我是实验人员，你是参与者，那么我就会判定刚才找出的规律是对的"。一位参与者没有找出规律，却在实验过程中碰巧精神出现问题，也不知道是为什么，最后被救护车火速送往医院。有一位参与者的答案让人印象深刻："要么是第一个数字等于第二个数字减去 2，第三个数字是比第二个数字大的任意数字；要么是第三个数字等于第二个数字加 2，第一个数字是比第二个数字小的任意数字。"他不厌其烦地阐述了 50 分钟才放弃。

了解了 2-4-6 实验之后，我们再回头看碧丝玛和医生的会面。医生诊断她患有厌食症，然后只问能够证实自己想法的问题。因此，他得到的所有证据都支持自己的诊断：一位经常呕吐的年轻女性，身形消瘦，不喜欢吃东西，对自己潜在的精神问题反应过度。

与 2-4-6 实验一样，这一系列证据有无数种解释。医生根本没有考虑过另外一种很有可能发生的情况，即碧丝玛患上了一种令她呕吐的罕见病，医生的不理解也让她感到厌烦。为了验证这一可能性，医生应该这样提问："别人都说你很瘦，你觉得自己胖吗？" "你吃饱的时候会不会想吐？" 碧丝玛会坚决否认，这足以动摇医生对自己最初的诊断的信心。

依云水广告的误导

有时候，我们会被人有意误导。2004 年风靡英国的依云水广告即是如此，这则广告呈现证据的方式就是一种误导。广告主角是一位美丽的裸体女性，她身体的某些部分被一辆自行车巧妙地遮住，白到发光的皮肤得以淋漓尽致地展现。广告页面下方的文案是这样写的："这么好的皮肤，让人忍不住炫耀。每天多喝一升依云纯天然矿泉水，79% 的人发现，他们的皮肤看上去更光滑水润，人也变得更年轻。"

这听起来很靠谱。不过，别急着为下次海滩之旅订购一箱依云水，想想 2-4-6 实验：真正的规律可比各位参与者想出来的宽泛得多，它一点也不复杂，就是以任意值递增的三个数字。同样，依云水广告引用的研究数据背后的真相可能是，每天多喝一升水，无论是波兰泉水、斐济水、达萨尼[①]，还是便宜得多的直饮水，都能让你的肌肤更有

---

① 波兰泉水、斐济水和达萨尼均为矿泉水品牌。——译者注

光泽，让你重回年轻态。依云水广告的受众如果没有考虑到其他可能性，就成了证实性偏差的受害者，认为只有喝依云水才能变年轻。

电梯关门键有用吗

2-4-6实验的另一个现实例证是电梯里的关门键。很多读者一定都经历过这种情况，快迟到或者没耐心的时候，你会反复按关门键，直到电梯门关上。接下来，你就会深吸一口气，为节省了宝贵的几秒钟而心满意足。可是你怎么知道电梯门关上是因为你反复按关门键呢？你可能会说，你就是知道，因为每次按下关门键，电梯门就会关上。然而，你也清楚，就算不按关门键，电梯门也会关上，因为这早就设定好了。你怎么知道电梯门关上是因为电梯的定时装置还是你按下关门键呢？

电梯门必须保持打开一定时间，以便让使用拐杖或轮椅的人进出电梯，这是《美国残疾人法案》（*Americans with Disabilities Act*）的规定。美国国家电梯行业协会执行董事卡伦·佩纳菲尔（Karen Penafiel）表示，电梯门打开时间没到规定时长，按电梯关门键也没用。从现在开始，在百无聊赖地等待电梯门关上的时候，你可以通过耐心地思考证实性偏差的陷阱来消磨时间。

驱赶怪兽喷雾的安慰效应

很多年前，我用证实性偏差安抚了儿子。在他5岁那年，我丈夫开始担任耶鲁大学住宿式书院①的院长，书院和"哈利·波特系列"小说里的霍格沃茨魔法学校四大学院差不多。我们搬进了伯克利书院的房子。那是一座大宅子，供院长及其家人居住，还会定期举办学生活动。房子的布置是典型的耶鲁风格，老旧黑暗的哥特风，挂满了不苟言笑的人物肖像画，和霍格沃茨魔法学校差不多。

每年万圣节，学生们都会精心装扮这座房子，迎接他们最期待的万圣节派对。房子像鬼屋一样，到处都是蜘蛛网、棺材、头骨等假道具，还有各种在万圣节很常见的怪东西。这些东西太过逼真，吓得我儿子想搬回之前的家。我在一个喷瓶里装上水，跟他说这是一瓶驱赶怪兽喷雾。我带他去每个房间，让他喷一下。从那以后，他再也没在房子里看见过怪兽。

放血疗法有效吗

群体证实性偏差可能会持续数年、数十年甚至数百年。我们都知道的放血疗法就是最常见的例子。此疗法认为，人生病的时候，只要把体内的"坏"血放出来，症状就能大大减轻。从古时候到 19 世纪末，西方治疗师一直信奉这一点。据推测，美国第一任总统乔治·华盛顿就是死于放血疗法，医生为了治疗他的喉部感染，抽出了 1.7 升血。整整两个红酒瓶的血！两千多年来，我们睿智的祖先怎么会相信抽出维持身体运行的关键成分对身体有益？华盛顿出生的时

① 住宿式书院是西方许多大学采取的学生管理方式。每个学生在按专业划分的系以外还会归属于一个学院，在这个学院中住宿、用餐、社交和学习。每个学院都有来自不同系的学生，他们在日常生活中可以自然地跨学科交流。——译者注

候，人们已经知道地球是圆的，牛顿的力学三大定律也已经成熟，但放血仍被视为一剂良方。

不过，设身处地地想想，我们可能也会相信放血疗法。假如你生活在 1850 年的欧洲，每日背痛难忍。你听说乔治四世在 1820 年就放血将近 3 升，因此多活了 10 年，还听说邻居的失眠也是通过放血治好的。更有甚者，据说大约 3/4 的人都因为放血而病情好转（我编造这些数字是为了方便说明）。这些数据看上去很靠谱。因此，你也试着放血，疼痛真的缓解了。然而，这里存在一个问题。假设 100 个人生病，没有放血，其中 75 个人病好了。这样说来，无论有没有放血，3/4 的人都会好转。人们很容易轻信放血疗法，因为身体在大部分情况下都会自愈。人们往往会忽略没有放血的情况，只关注能证实自己想法的证据。

关于自尊与领导力的小测验

在课上讲证实性偏差的时候，我会给学生讲 2-4-6 实验和本章列举的其他实例，最后他们要接受一个小测验。我从基思·斯坦诺维奇（Keith Stanovich）、理查德·韦斯特（Richard West）和玛吉·托普拉克（Maggie Toplak）三人合著的《理商》（*The Rationality Quotient*）[2] 一书中选取了一个问题放在测验里，这个问题或许能够说明辨别证实性偏差有多难。

一位研究人员对自尊和领导力之间的关系感兴趣，于是选取 1 000 个公认领导力强的人进行研究。研究发现，有 990 人自尊心很强，剩下 10 人自尊心不强。在缺少其他信息的情况下，从这些数据中我们能得出的最恰当的结论是什么？

（a）领导力和自尊存在强烈的正相关关系。

（b）领导力和自尊存在强烈的负相关关系。

（c）领导力和自尊没有关系。

（d）无法从这些数据中得出任何结论。

如果你选（a），你就和我课上 1/3 的学生一样选错了。

我说这件事不是为了取笑我的学生。我清楚地知道，选错的学生中，有的是人们口中的天才少年，有的曾是高中毕业生致辞代表，还有的是数学竞赛和辩论赛的全国冠军。他们一门心思地想选出正确答案，拿到 4.0 的平均学分绩点。然而，证实性偏差的误导性就是这么强，就算他们刚了解到这一点也没用。

与 2-4-6 实验一样，领导力和自尊相关这个假设只是一个初步结论。而 99% 的数据似乎支持这一点，那么这个结论怎么会错呢？

我们再次回到问题的反面，即研究人员没有获得领导力差的人的数据。如果领导力差的人中有 99% 也拥有很强的自尊心，那我们就不能说领导力和自尊心存在正相关关系。鉴于研究人员没有获得此类数据，因此正确答案是（d），即无法从这些数据中得出任何结论。

证实性偏差的负面影响

到现在为止，证实性偏差的存在似乎没什么坏处。2-4-6 实验似乎是故意设计来戏弄人，所以那些找不到规律的人也不会因为失败一直沮丧。医生的误诊让碧丝玛很难过，但她对因为证实性偏差而做出误判的医生并无怨恨。在现实生活中，没有科学家在我们身旁不断提醒结论是对还是错，所以我们即便陷入证实性偏差的陷阱，也无法发现偏差导致的结论是错误的。那位医生可能至今还不知道自己对碧丝玛的诊断有误，除非他读到这本书。那些遭遇证实性偏差的人甚至可能没有意识到他们得出的结论有误，那么这种偏差会给他们带来直接的伤害吗？答案是肯定的，在个人和社会层面皆是如此。

对个人的伤害

我们先来看看证实性偏差对个人的伤害。**证实性偏差会让个体的自我认知出现偏差**，其作用机制如下。

很多人都想更了解自己，了解自己在生活中、在世界上所处的真实位置。我们会自问："我的婚姻有问题吗？""我的能力够吗？""我受欢迎吗？"对于自己的个性、智商、情商和"真实"年龄，我们想要确定、客观的答案。这种对自己的强烈兴趣催生了互联网和杂志上常见的各种"测试"，标题为："你的 _____ 揭示了你的哪些特征？"横线上你可以填"笔迹、笑声"，也可以填"最喜欢的音乐、食物、电影、小说"，等等。

想象一个叫弗雷德的人在网上看到一条广告："你患有社交恐惧症吗？"他心生好奇，于是花了 1.99 美元进行测试。测试结果显示，他的社交恐惧分数很高，比 74% 的测试者都高。在测试之前，弗雷德只是怀疑自己患有社交恐惧症，现在仔细想想，自己很多时候确实恐惧社交。上次员工大会上他没能清楚地表达自己的想法，他也很讨厌鸡尾酒会。回想这些例子，他现在确信自己患有社交恐惧症。与 2-4-6 实验的参与者一样，弗雷德忘了那些反例，比如 3 周前的员工会议上他毫不费力地列出了目前公司政策的弊端，他其实很喜欢跟人聊天，只要不在鸡尾酒会上就行。可惜，他已经认定自己患有社交恐惧症，所以以后会比过去更讨厌社交场合。这就是自我实现预言。

证实性偏差会伤害人的另一个例子是 DNA 测试，该测试的科技含量极高。现在，通过 23andMe 这种直接服务消费者的基因检测公司，我们能轻松获得自己的基因报告。你只需花大约 100 美元就能得到自己祖先的报告，再花 100 美元就能了解自己的健康风险，比如是否易患 2 型糖尿病、乳腺癌、卵巢癌等。据估计，截至 2019 年年初，美国有超过 2 600 万人购买了这种个人基因检测服务。[3]

然而，检测结果很容易被错误解读。有些人可能认为基因决定了我们的生活。其实，基因并不是这样发挥作用的，它们会和环境相互作用。即使人们不一定相信基因决定命运，在借助基因检测报告认识自我的过程中，证实性偏差也会重塑他们的自我认知。[4]我和我的博士生马特·里博维茨（Matt Lebowitz）做过一项研究，研究上述情况的可能性。里博维茨现在是哥伦比亚大学的助理教授。

我们首先招募了几百位愿意提供邮寄地址的志愿者，然后给他们寄送一个实验材料包，同时告知他们，参与这项研究会得到一定补贴。包裹中有一份指导手册，还有一个塑料盒，上面的标签上写着"5-羟基吲哚乙酸唾液自测试剂盒""美国制造"，并标注了有效期。在线上提交知情同意书之后，参与者了解到他们要进行一个唾液测试，测试自己对抑郁症的遗传易感性。他们可在任何阶段退出实验，且都能获得补贴。

他们按照指示打开塑料盒，取出一管漱口水和一片试纸，用漱口水漱口，然后吐出来。他们不知道的是，这管漱口水是我的研究助理自己配制的，只在常见的漱口水里加了些糖。接着，他们要把试纸压在舌头下面，手册上说这片试纸能检测出反映抑郁症遗传易感性的神经递质——5-羟基吲哚乙酸。其实这片试纸是一个葡萄糖检测试剂，放到舌头下面后，它的颜色变化肉眼可见，因为他们刚用过含糖漱口水。参与者在网上点击看到的试纸的颜色，就能得知该颜色代表的患病风险。

此时，我们随机把参与者分成两组，一组被告知他们选择的颜色表明他们在基因上不容易患抑郁症，另一组则被告知他们容易患抑郁症。我们把这两组分别叫作没有抑郁基因组和有抑郁基因组。

参与者收到不同的反馈之后，用贝克抑郁程度自测量表Ⅱ（BDI-Ⅱ）进行自测。BDI-Ⅱ是国际公认的抑郁测量表，测试者需要就自己在过去两周内的各种抑郁症状按程度进行选择。比如，对于"悲伤"，测试者要从"没感觉悲伤""感觉悲伤""总是感觉悲伤且无法自拔""悲伤或不开心到无法忍受"这几种情况中选择自己的悲伤程度。

　　我们无法检验参与者的回答是否准确反映了他们过去两周的状态。我们能确定的是，既然参与者是随机收到两组中任意一组基因测试反馈的，那么两组参与者的抑郁自测结果应该没有太大差别。个别参与者在过去两周可能真的过得不好，但这样的变量能被众多参与者的随机分组抵消。

　　结果显示，有抑郁基因组的 BDI-Ⅱ 得分比没有抑郁基因组高得多。也就是说，尽管分组是随机的，但相比于被告知没有抑郁基因的人，那些被告知有抑郁基因的人在过去两周的状态更差。此外，没有抑郁基因组的 BDI-Ⅱ 平均得分为 11.1，属于基本不抑郁，而有抑郁基因组的平均得分是 16.0，属于有抑郁情绪。

　　证实性偏差完全能够解释这种假性抑郁。得知自己在基因上易患抑郁症之后，参与者一定会在记忆里搜寻自己情绪低落的时刻，以证实他们的"基因测试结果"。他们可能会想到失眠到凌晨两点的那个晚上，提不起精神去上班的那个早晨，还有在地铁上反复思考生命意义的那段时间。这些确凿的证据让他们坚信，在过去的两周里自己比实际情况更糟。

　　在继续讨论之前，我要解释一下这项研究的欺骗性，我经常受到这方面的质疑。整个实验的流程是与耶鲁大学机构审查委员会充分讨论后确定的，该委员会专门监督实验过程对人类参与者的保护。实验结束后，我们告知了参与者实验的欺骗性和科学价值，并附上了我们的联系方式。到目前为止，我们还没有收到任何有关实验副作用的报告。一个参与者发邮件问我们用的是哪个牌子的漱口水，市面上的漱口水她都不喜欢，唯独觉得我们的漱口水味道好。我们只能告诉她，那是普通漱口水加了糖。

一个意外事件为我们提供了更确凿的证实性偏差的证据。实验开始没多久，我们就接到佐治亚州亚特兰大市警方的电话，称有人向警方报告收到一个可疑包裹，上面留的寄件人号码是我们的电话。警官说，把包裹带到警局的那位女士问遍家里人，没人承认订购过那个包裹。有趣的是，她还声称，收到包裹的时候，家里人都感觉身上痒！他们认为包裹里可能含有炭疽杆菌等有害物质，认定这种瘙痒是包裹里的东西引起的。看，这就是证实性偏差的一个现实例证！

向警局报案的那位女士损失了一两个小时，她家里那个报名参加我们的研究却拒绝承认的人则损失了 10 美元的研究补贴。我们的研究揭示的证实性偏差，以及之前举的个性测试的例子，证明了这种偏差会带来一个更严重的危害，即恶性循环。你提出一个假说，不断搜寻能支持该假说的证据，随之变得越发肯定并走向极端，这反过来又促使你寻找更多证据。

没有哪种基因或个性测试能准确描述一个人的全部。这些测试的结果都是概率性的，这或许是因为测试的设置不完美，但更重要的是，世界本就如此。比如，BRCA1 基因因安吉丽娜·朱莉（Angelina Jolie）而广为人知，它的突变与乳腺癌直接相关，携带该基因的人罹患乳腺癌的概率为 60% ~ 90%。朱莉被检测出携带该基因，她随即决定切除双侧乳腺。这种高度相关性极为罕见，许多非遗传因素以及多种相互作用的基因会影响最终的基因表达。那些为了招聘员工、开展心理咨询和自我了解而发明的个性测试，它们提供的信息完全脱离了具体情境。一个人在某个特定测试中表现得受欢迎，换个场景或任务，可能就不那么好相处了。

我不否认这些测试的作用。对于生活中无法控制的因素，我会提前做个人基因测试，了解自己的健康风险，积极主动地预防。此外，了解自己在人群中的定位，即外向还是内向、开朗还是内敛，能让我更了解自己的社交状况。

证实性偏差很容易让我们形成不切实际的、夸张的自我认知。我们一旦觉得自己抑郁了，言谈举止就会像个抑郁症患者，对未来的预期非常悲观，逃避一切有趣的活动——任何人都会因此抑郁。一个人对自我能力的认知也是如此，一旦你开始怀疑自己的能力，你就会规避风险，失去更好的职业发展机会，那么毫无疑问，最终你的事业只能和看起来能力不够的自己匹配。反之亦然，一个高估自己的人只记得自己取得的成功，忽略自己遭遇的失败，最终下场也不好。证实性偏差会导致这种恶性循环，所以我认为它是最糟糕的认知偏差。

接下来我们会看到，这种恶性循环也会在社会层面上演。

对社会的伤害

我们从我家发生的一件小事说起吧。女儿上小学一年级的时候，我丈夫获得了美国国家科学院颁发的特罗兰研究奖，我们一家人去华盛顿参加颁奖典礼。在等待颁奖典礼开始的时候，我丈夫和其他研究领域的获奖者坐在讲台上，我和两个孩子坐在台下，身边都是美国顶尖的科学家。

这时，我女儿大声问我："妈妈，为什么台上的男孩比女孩多？"惊讶之余，我为女儿的洞察力感到无比自豪。与此同时，我还有些羞愧，不是因为女儿的大嗓门，而是因为我竟然对台上明显的性别失衡熟视无睹。作为一位科学家，我对自己所在的领域里男强女弱的状况已经习以为常，所以根本没注意到这一点，而对社会没有任何先入之见的小孩一眼看出了这个问题。

我不知道怎么回答7岁女儿的问题，好在颁奖典礼随即开始。不过，这里我还是要给出自己的回答：获奖的男性多于女性的原因绝非"男性在科学领域表现更好"。真相就像数列"2，4，6"的规律——"以任意值递增的数字"一样，男女都能在科学领域表现出色。然而，整个社会对于男性和科学之间关系的认识存在证实性偏差。

一直以来，大多数科学家都是男性。大多数得以在科学领域走下去的人都表现出色。因此，男性在科学领域表现出色成为主流观念。女性几乎没有机会证明自己在科学领域同样出色。正因如此，我们很难找到证据反驳只有男性才能在科学领域游刃有余这一观点。

整个社会认定男性比女性更适合在科学领域发展，进而按照这一假设运作。同样是在研讨会或者课堂上发表有见地的言论，男生会比女生获得更多称赞；拥有同样资历的男女中，男性更有可能被聘用，薪水也更高。结果就是，杰出的男科学家比杰出的女科学家多，这反过来又加深了男性比女性更适合在科学领域发展的谬论。若想让谬论回归理性，我们就要努力推翻这一观点，给予女性平等的机会。只给男性机会，然后认定男性更优秀，这一谬论的推理过程就跟我儿子在各个房间喷驱赶怪兽喷雾没什么差别，那之后他再也没看见过怪兽，因此认定喷雾有效。我们不能囿于此类谬论。

　　这种证实性偏差对社会有什么危害呢？这显然违反了人人生而平等这一道德准则。此外，证实性偏差是非理性的。它是否会对社会产生更明显的负面影响呢？答案是肯定的。

　　我们来看一个具体事例。刚刚，我在搜索引擎中输入"发明新型冠状病毒疫苗的科学家"，想看看排名靠前的有多少女科学家。为了避免自己产生证实性偏差，我没有输入"女科学家"这样的关键词。弹出的第一条是厄兹莱姆·图雷西（Özlem Türeci），她和丈夫乌古尔·萨欣（Uğur Şahin）一同创立了 BioNTech 公司，还共同研制了鼎鼎有名的辉瑞–BioNTech 新型冠状病毒疫苗。紧跟在辉瑞疫苗发明人之后的是卡塔林·卡里科（Katalin Karikó），她被视为诺贝尔化学奖的有力竞争者。第 4 位发明人也是一位女科学家，叫凯瑟琳·詹森（Kathrin Jansen），她是辉瑞制药的高级副总裁兼疫苗研发中心主任。那么莫德纳疫苗呢？安东尼·福西（Anthony Fauci）说："该疫苗实际上是由我院（美国国家卫生研究院）疫苗研究中心研发的，研发科学家团队由巴尼·格雷厄姆（Barney Graham）和基兹梅基亚·科比特（Kizzmekia Corbett）领导。"科比特是一位非裔女科学家，一直无偿帮助有色人种社区推进疫苗接种。这就是搜索结果首页显示的内容，其中只有两位男性科学家。假如这些女科学家在父母和老师的打击下不再从事科学研究，她们看着获得科学成就奖项的男性人数众多，和大多数人一样认定女性无法在科学领域取得成就，这个世界会变成什么样子？

　　不难想象，基于种族、年龄、性取向、社会经济背景等因素的固有成见对社会同样有害。在少数族群中，当只有少数人能获得在某些领域展示才能的机会时，他们中很少有人能取得巨大成就。这样的社会不仅看起来很糟糕，还将错失由更广泛的人才推动的更大进步。花旗银行 2020 年的一份报告对种族歧视的危害进行了量化，表明美国因少数民族缺乏平等发展机会而深受其害。在过去的 20 年里，假如美国社会对于黑人的教育、住房、工资和商业的投入与白人平等，美国的国内生产总值就能增加 16 万亿美元。如果你对这个数字没感觉，那我告诉你，美国 2019 年的国内生产总值是 21.43 万亿美元，这是美国境内生产的所有终端产品与服务的市场价值。假如黑人获得大学学位，他们就能领取更多薪水；假如黑人申请到住房贷款，他们就能提升房地产市场的销售额；假如黑人企业家获得银行贷款，他们就能扩大商业规模。在上述种种都能实现的前提下，美国的国内生产总值就能增加 16 万亿美元。假如没有证实性偏差，我们就有 16 万亿美元去应对气候变化、改善医疗保健并促进世界和平。

为什么会有证实性偏差

既然证实性偏差这么糟糕，为什么还会存在呢？既然它对个人和社会造成如此大的危害，怎么没有在人类进化过程中被淘汰呢？证实性偏差有没有好处呢？

答案听起来多少有些讽刺：证实性偏差是人类适应环境的结果，它将人类变成"认知吝啬鬼"，人类才得以生存。我们需要保存脑力或者说认知力去思考那些关乎生存的事情，而不是保持逻辑清晰。如果我们的祖先在 X 森林发现了美味的浆果，日常需求得到满足，那就没有必要去 Y 森林寻找浆果了。只要 X 森林有足够的浆果，那么是只有 X 森林有好吃的浆果，还是所有森林都有好吃的浆果，都无关紧要。

1978 年，赫伯特·西蒙（Herbert Simon）获得了诺贝尔经济学奖，是获此殊荣的第一位认知科学家。他也提出了类似的观点，不过他说明了一个比证实性偏差更普遍的规律。为了理解他的观点，我们首先要明确世界上充满无限的可能性。拿国际象棋来说，尽管棋子的数量是有限的，对弈规则也是确定的，但可能出现的棋局据估计有 10^{123} 种，比可见世界中的原子数量还多。那我们的未来有多少种可能性呢？实际上，当对现实生活感到满意的时候，我们就会停止追寻更多可能性。西蒙称之为 **"满意即可"**，其英文单词 satisficing 结合了 satisfying（令人满意）和 sacrificing（奉献）两个词。

之后的许多科学家对此展开研究，结果显示，面对生命中所需要的搜寻活动，是尽最大努力去追寻还是满意即可，个体选择的差异极大。如果你喜欢做个性测试，网上有类似的免费测试，看看你对可能性的追寻是会尽最大努力还是达到满意即停止。尽最大努力的人即便对目前的工作感到满意，还是会想得到一份更好的工作，会幻想过一种不同的生活，即使是最简单的信件或电子邮件，也会打好几遍草稿。满意即可的人给朋友买礼物从不纠结，总会接受第二好的选择，他们也很难认同在开始一段关系之前要进行测试这一观点。

有趣的是，满意即可的人比尽最大努力的人快乐。这很好理解。相比于孜孜不倦地追寻完美的灵魂伴侣，满意即可的人会选择一个足够好的对象，享受两人的相处。同样，比起搞清楚是只有这个森林有美味的浆果，还是其他森林也有同样美味甚至更好吃的浆果，享受在一个森林中找到的美味浆果更能让人快乐。证实性偏差可能是"满意即可"这种心理需求的副产品，让我们在存在无限可能的世界里感到满意即停止追寻。这样做能让我们更快乐，更适应这个世界。不过，在证实性偏差不利于我们适应这个世界，甚至给我们提供错误答案的时候，我们仍旧会对它深信不疑，本章已经举过太多这种例子。

验证多种可能性，对抗证实性偏差

知晓了证实性偏差的适应性起源，对抗它的难度也就显而易见了。你将看到一个新版本的 2-4-6 实验，它是其他研究者开展的消除证实性偏差的实验。在实验过程中，他们告诉参与者如何用一组由 3 个数字组成的数列来推翻自己的假设，即列举一组不符合参与者所提出的规律的数字。这个指示虽然非常明确，但仍然没能帮助参与者找到正确的规律。证明自己的想法是错的这个策略让人摸不着头脑，毕竟参与者的目的是找到正确的规律。

证实性偏差根深蒂固，想要克服它，就得把它研究透彻。研究过程并不像前文描述的那样让人摸不着头脑，**关键是设想两个截然相反的假说，然后尝试证明这两个假说**。我们来看看那个进阶版 2-4-6 实验应该怎么进行。

假设我脑子里有两组数列，为了方便记忆，就叫它们 DAX 和 MED。每组数列都有自己的排序规律，你现在要找出两组数列的规律。

首先，我会告诉你"2，4，6"符合 DAX 的规律，然后你要通过列举由 3 个数字组成的数列来找出 DAX 和 MED 的规律，我会告诉你列举的数列符合 DAX 还是 MED 的规律。

米歇尔参加了实验。和大多数人一样，她一开始以为 DAX 是以 2 递增的偶数数列并进行验证。

> 米歇尔："10，12，14"。
> 我：DAX。
> 米歇尔（心想：太好了，我找到了 DAX 的规律，那 MED 可能是以 2 递增的奇数，我来验证一下）："1，3，5"。
> 我：DAX。
> 米歇尔：什么？

请注意，尽管米歇尔认为自己找到了 DAX 的规律，但 MED 的规律还等着她发现呢。因此，她列举了一组由 3 个数字组成的数列，自认为符合 MED 的规律。换句话说，她在寻找证据来证实自己关于 MED 的假设。结果这组数字仍然是符合 DAX 的规律，她意识到自己对 DAX 的假设是错的。我们继续看实验。

> 米歇尔（心想：这么说 DAX 是以 2 递增的任意数字组成的数列。那 MED 呢？可能是以除 2 以外的差值递增的任意数字组成的数列，我来验证一下）：那"11，12，13"呢？
> 我：DAX。

米歇尔本来想要验证 MED 的假设，结果却推翻了自己关于 DAX 的假设。接下来依然如此。

> 米歇尔（心想：好吧，那 DAX 一定是以固定差值递增的任意数字组成的数列，而 MED 一定是递增的差值不固定的数列，我来验证一下）：好，那"1，2，5"呢？（她心想：这总是 MED 了吧。）
>
> 我：DAX。
>
> 米歇尔（那 DAX 一定是以任意值递增的数列，MED 则不递增，验证一下）："3，2，1"。
>
> 我：MED。
>
> 米歇尔：我知道了！DAX 是以任意值递增的数列，MED 则是非递增数列。
>
> 我：答对了。

85% 的参与者和米歇尔一样，当条件设定为找出两组数列的规律时，他们就能找到数列"2，4，6"的规律。[5]这就是我所说的通过不断验证假设来克服证实性偏差。人们在试图验证关于 MED 的假设时，无意中推翻了关于 DAX 的假设。他们以为符合 MED 的规律的数列，结果却符合 DAX 的规律，说明他们关于 DAX 的假设是错的，这迫使他们不断修正。

现在我们回到美国国家科学院，回到以我丈夫和其他男性科学家为主的获奖者所在的讲台。我们可以用上述方法来克服导致科学界性别失衡的证实性偏差。假设你观察到讲台上有 50 位表现出色的科学家，他们都是男性。你不禁会想，是不是 Y 染色体造就了表现出色的科学家？与找出 DAX 和 MED 的规律一样，我们要搞清楚是什么造就了表现不够出色的科学家。基于你刚才做出的假设，没有 Y 染色体的女性会成为表现不够出色的科学家。为了验证这一假设，你给 50 位睿智女性成为科学家的机会。她们最终都成为表现出色的科学家，这证明你最初的假设是错的。

这个方法还可以这样用，用截然不同的两种方式来描述同一个问题。比如，在思考自己的社交生活是否快乐的时候，你可以问自己是开心还是不开心。这两个问题问的是同一件事，不管从哪种角度提问，答案应当是一致的，比如"我有点开心"。假如你只是问自己是否不开心，很可能回想起的都是不开心的事情。而如果你只问自己是否开心，很可能想到的都是开心的事。事实也是如此。一项研究显示，相比于被问及是否开心的参与者，被问及是否不开心的参与者更容易感到不开心。[6]

为了避免证实性偏差，我们应当为两种截然相反的可能性寻找证据。这种方法可以应用到很多地方："我内向吗？""我外向吗？""我不适合搞科研？""我适合搞科研？""狗比猫好？""猫比狗好？"这些问题的先后顺序会影响答案吗？会影响。前一个问题的答案会影响后一个问题的答案。这是我们在下一章要讨论的内容。现在，我们只需记住一点，即**两种可能性都要验证**。

确保找到 MED 和 DAX 的规律，或者从相反的角度发问，这些看似直截了当的方法就足以消除证实性偏差。那我们把这些方法纳入高中的批判性思维课程，这个世界就会变得更理性吗？遗憾的是，有证据显示，验证另一种可能性，或者说找到 MED 的规律不一定可行。

这一方法常常风险太大。你可能会在考试前穿上自己的幸运内衣，或者在重要的会议和比赛前进行某种仪式。NBA 球星迈克·毕比（Mike Bibby）会在比赛暂停时剪指甲。底特律红翼队会在每场冰球比赛前往冰面上扔一只章鱼。比约·博格（Björn Borg）在每次温布尔登网球公开赛前都会留胡子，而且只在这项公开赛前留胡子。想要证明这些习惯没用，你就得承担不这么做的风险，放弃它们对你心理上的支持作用。你得穿着普通内衣去参加考试，或者不扔章鱼就开始比赛。

同样，放血疗法之所以能延续这么久，是因为一旦人们接受了放血有用的观念，生病时不接受这种"最佳疗法"就显得不合情理。我本人坚信紫锥菊对感冒的治疗效果，尽管有很多科学证据不支持我的观点，我也不会在自己感觉不舒服的时候放弃服用紫锥菊。我知道这也是证实性偏差，但为了克服它，我可能会病上 5 天，我觉得这么做不值得。类似地，一个婚姻幸福的人不会荒唐到和另一个人私奔，只为证明自己的另一半确实是独一无二的。

"莫扎特效应"是人们不愿意对抗证实性偏差的当代例证。1993年，大名鼎鼎的《自然》上刊登的一篇文章最先提出这一效应。

> ● Thinking 101
>
> **莫扎特效应**：研究人员称，聆听莫扎特的《D 大调双钢琴奏鸣曲》能显著提高大学生的空间推理能力。

研究人员称，聆听莫扎特的《D 大调双钢琴奏鸣曲》（古典音乐热爱者都知道的 K448 钢琴曲）能显著提高大学生的空间推理能力，相比于没听过此乐曲的学生，听过此乐曲的学生在空间推理测试中得分更高。[7]媒体夸大了这一发现，认为这从科学角度证明了听莫扎特音乐的婴儿智商更高。在美国那些教育水平落后的州，州长开始在产科病房免费分发莫扎特音乐光盘。接着，"莫扎特宝宝"视频出现了，五颜六色的玩具随着莫扎特的音乐跳舞。该视频的制作公司随后又推出了"爱因斯坦宝宝"系列视频，其他天才也没能幸免，有"巴赫宝宝""莎士比亚宝宝""凡·高宝宝"。据估计，在 2003 年前后，美国 1/3 有孩子的家庭至少拥有一套"爱因斯坦宝宝"光碟。实际上，最初提出的莫扎特效应没能经受住时间的考验，它对人的影响仅限于空间推理能力而非智力。有些研究者重复了该实验，但无法得出相同的结果。一项研究测试了这些畅销光碟能否让 12 ~ 18 个月的孩子更好地学习新单词，结果显示，观看视频一个月的孩子和没有观看视频也没有接受任何特殊训练的孩子在表现上没有差别。[8] 不仅如此，学单词最快的那组孩子是直接从父母那儿学来的，他们根本没有看过专门教这些单词的视频。在没有这些反面证据的时候，即便是不望子成龙的父母也想让自己的宝贝接受这些视频的熏陶。买一套"爱因斯坦宝宝"光碟这么简单的早教都做不到，太不像样了。

证实性偏差之所以很难克服，除了人们不愿意冒险，还因为它是一种思考习惯。我们刷牙的时候会不假思索地从某一边开始，紧张的时候会下意识咬指甲、抖腿、捻头发或掰指关节。我们会自觉地、无意识地验证自己的假设，就像参与者在 2-4-6 实验中所做的那样。习惯很难打破。对于咬指甲这种小动作，我们可以戴护甲或者把指甲剪短。若想改掉下意识的自我验证这个习惯，从哪儿入手呢？**第一步，了解证实性偏差的致命后果。第二步，你可以从推翻一些对低风险、日常事物的假设开始，通过增加生活的随机性来实现这一点。**在 2-4-6 实验中，参与者随机列举"1，12，13"这样的数列，无意间证明了自己的假设是错误的，同样，你可能会在偶然间发现，自己一直喜欢的事物并非真的喜欢，一直坚信的事情也并非真的相信。有个应用程序可以助你一臂之力。

计算机科学家马克斯·霍金斯（Max Hawkins）曾在谷歌工作，他想知道完全不可预测的生活是什么样子。霍金斯开发了一个应用程序，该应用程序会从谷歌商家列表中随机选取他所在城市的一个地点，然后用优步叫车把他送到那儿，而霍金斯自己根本不知道目的地是哪儿。该应用程序带他去的第一个地方是精神科急救中心，一个他从未想过要去的地方。霍金斯一下子就迷上了这种活动。他开始随机发掘花店、杂货店和酒吧，都是他以前根本不知道的地方，彼时他认为自己的生活已经很好了，从未想过还有别的选择。后来，霍金斯又拓展了该应用程序的功能，让其随机选择 Facebook 上发布的公开活动，活动的地理位置和时间范围是他事先设定好的。该应用程序选择的每一个活动他都参加了，包括和俄罗斯人一起喝白俄罗斯鸡尾酒，学习双人瑜伽，还在一位素未谋面的退休心理学教授举办的派对上待了 5 个小时。

别人做这种事情，听起来很有趣，但我们自己购买霍金斯的应用程序时可能就会犹豫。这样的不期而遇让人望而却步。你可以做些没这么意外的事情来训练证伪能力。去最喜欢的餐厅吃饭或者点外卖的时候，从菜单上随机选择一道菜，你可能会发现一道令人惊喜的新菜，当然也有可能是最不喜欢的菜。你可以换一条上班路线，别再沿着老路走。和朋友逛街时，让朋友帮你挑衣服，这样你就不会再买一件灰色毛衣或蓝色衬衫。早餐试试羊排和沙拉配牛奶，晚餐吃麦片和蛋卷配红酒。生活确实充满了无限可能，远远超过可见世界与不可见世界中的原子数量。无限可能等着你去发现。

心理学
第一课

1. 人们总是会去寻找与他们观点相一致的信息，来证实自己已经相信的观点，这就是证实性偏差。

2. 我们可以同时设想两种截然相反的可能性，并寻找证据去验证，以此来对抗证实性偏差。

THINKING
101

How to Reason
Better to Live Better

第 3 章

为什么你认为的"罪魁祸首"
很可能是无辜的

　　1919 年 1 月，整个世界在努力修复第一次世界大战和 1918 年大流感带来的创伤。战胜国领导人召开巴黎和会，商讨对战败国的惩罚。协商很快陷入僵局，时任美国总统伍德罗·威尔逊（Woodrow Wilson）不愿严厉制裁德国，英法两国则要求高额的赔偿。4 月 3 日，威尔逊得了流感，直至痊愈都无法摆脱神经系统症状的困扰。威尔逊虽然得以再度出席和会，却已无力坚持自己的主张。最终，《凡尔赛条约》规定的赔款让德国负债累累。很多历史学家认为，该条约对德国经济的破坏为阿道夫·希特勒和纳粹的崛起铺平了道路。有些人便开始琢磨，是否可以得出这样的结论：如果威尔逊没患流感，就不会有大屠杀。[1]

　　尽管的确是威尔逊先患流感，后有大屠杀这种骇人听闻的有组织的反人类罪行，但把后者归因于前者令人困惑。这种归因就是让人感觉不对劲。为什么呢？有可能因为威尔逊患流感不是个好理由。即便威尔逊在 1919 年没有生病，也不能确保《凡尔赛条约》的惩罚力度会减轻，德国经济不会因为其他因素变差，或者希特勒最终不会上台。

　　为了便于展开讨论，我们假设有人发明了一台时光机。此人回到过去阻止了威尔逊患流感，《凡尔赛条约》对德国的惩罚因此没有那么严厉，并足以遏制纳粹掌权。即便我们能够开展上述实验，也不能马上就把威尔逊患流感认定为引发大屠杀的唯一原因。一些其他原因也有可能引发大屠杀。假如德国于 1919 年在本国发现了大油田呢？假如德国在第一次世界大战中获胜了呢？又或者弗朗茨·斐迪南大公在萨拉热窝没有被刺杀，第一次世界大战根本没发生呢？虽然所有这些以及其他无数可能性都有可能阻止大屠杀，但我们不应该将大屠杀仅仅归咎于德国缺乏石油的国情、协约国的胜利或者斐迪南大公遇刺。

导致归因谬误的原因

正如前文讨论的历史事件，任一事件的发生都有无数可能的原因。不过，我们可以将合理原因的范围缩小。由于我们在归因过程中会利用常见的线索或策略，缩小范围的最佳方式总会获得一致认可。但这并不意味着我们总能就归咎或归功于何方达成一致。一些历史学家坚持认为，威尔逊患流感确实导致了大屠杀。当然，我们也不会随意认定一个原因。几乎没人会说是 1897 年萨摩亚（Samoa）① 的一只蝴蝶扇动翅膀引发了第二次世界大战，但我们都认同希特勒是第二次世界大战的元凶之一。正因为在对事件归因的过程中使用了相似的线索，我们可以就哪些原因更合理、更可信达成一致。

本章会详细介绍一些常用的归因线索，这里先列举其中几个。需要注意的是，其中一些会引导我们把大屠杀归咎于威尔逊患流感，另

---

① 太平洋南部的一个小国，由 8 个小岛组成。——编者注

一些则不然。最终认定的原因取决于归因过程中更倚重哪些线索。

相似性：我们通常认为原因和结果相似。我们不愿意将大屠杀归咎于威尔逊患流感，可能是因为这两者不成比例。虽然威尔逊是一位重要人物，流感也不是小病，但无论是规模还是严重性，他的病情都不能同针对 600 万人的有组织谋杀相提并论。

充分性和必要性：我们通常认为，原因对于结果的产生是充分且必要的条件。在某种程度上，威尔逊患流感对于《凡尔赛条约》的最终成形是充分或必要的条件，《凡尔赛条约》对于希特勒的崛起亦是如此，那么我们可能就会认为威尔逊患流感导致了大屠杀。

近因性：一连串的事件构成因果链，我们往往会将结果归咎或归功于不久前发生的事情。从时间角度看，威尔逊患流感远不如希特勒的崛起离大屠杀近，因此不必承担那么多责任。

可控性：我们往往将事情归因于可控的因素，而非不可控因素。我们不一定能阻止威尔逊患流感，因为那时没有流感疫苗，但阻止希特勒上台是有可能的。因此，我们会认定希特勒应该为大屠杀承担更多责任。

在梳理这些线索的时候，一定要记住，这些只是启发式，或者叫经验法则。换句话说，它们能帮助我们筛选出合理的原因，但不能保证找到真正的原因。不过，由于这些线索往往提供了看似合理的答案，我们对其过分倚重，一不小心就会被引入歧途。接下来，我们将讨论对任一线索的过分依赖是如何让我们得出错误结论的。

相似性

想象一下台球桌上有一个黄球和一个红球。如果黄球快速撞向红球，在被黄球击中的瞬间，红球也会快速移动。如果黄球移动缓慢，红球也会移动缓慢。也就是说，起因（黄球）的速度与结果（红球的运动）的速度相匹配。类似地，一次爆炸产生的巨大声响表明发生了严重撞击，寂静无声则通常意味着相安无事。过期几周的肉等难闻的食物往往对身体有害，现摘的草莓这种好闻的食物则对身体有益。在日常生活中，原因和结果通常在体量或性质上相匹配。

在现实中，因果往往相似，我们迅速领悟到这一模式，在归因中假定因果存在相似性。因此，原因和结果不存在相似性会令我们感到意外。例如，我们会预设体型大的鸟儿能发出响亮的叫声。如果听见响亮的叫声，却发现这声音来自一只小鸟，我们会惊讶不已，赶紧把这个现象记录下来，与所有朋友分享。

再举个例子，气候变化会影响生物、地理、经济等多个领域，乃至地球上发生的所有事情，几乎没人相信它源自大海中的一次石油泄漏。大部分人都正确地认识到，自然灾害和人类活动会与地球大气层相互作用，这个过程引发了气候变化。反过来说，如果结果像玻璃杯摔碎在地板上这样简单的事，我们会认定是某个人干的，而不是想象一家人合谋打碎了一个玻璃杯。

回到这一章开头的例子，相似性这一启发式让我们觉得将威尔逊患流感与大屠杀联系起来不对劲。把大屠杀的发生归咎于单一的流感病例似乎削弱了其严重性。即使对那些反对威尔逊的人来说，将针对近 600 万犹太人以及成千上万的同性恋者、吉卜赛人和残疾人的有组织屠杀归咎于他患流感，也显得太牵强了。人们想找到国家层面的更深层的原因。上述归因带来的不适感充分证明了相似性这个启发式的作用。

依靠相似性推导原因也有可能将我们引入歧途，因为因果并不总是相似的。虽然新鲜草莓这类好闻的食物对我们有益，但同样香气扑鼻的刚出炉的蛋糕则不然，那可是用 2 块黄油和 6 个鸡蛋制成的。榴梿、泡菜、纳豆和蓝纹奶酪这些食物虽然难闻，却对人体有益。虽然安静通常意味着没事，但蹒跚学步的幼儿很长时间没动静就意味着有麻烦，这个孩子可能正在专心致志地测试一卷卫生纸能拉多长，或者在抽屉里搜寻妈妈的化妆品。

民间偏方里有很多例子都证明了过度依赖相似性可能毫无效果。人们一度相信狐狸的肺可以治愈哮喘这种肺部疾病。落基山牡蛎其实是油炸公牛睾丸，曾被误认为可以保持男性睾丸健康，促进男性激素分泌。

由于依赖相似性这一启发式，我们可能不愿认同一个看似与结果大相径庭的原因。比如，科学家第一次用细菌理论解释疾病发生的原因时，很多人不愿意相信，他们认为细菌这么小的东西不足以伤害或杀死人类。现在依然有人不相信，2020 年全球疫情暴发的时候，一些人无所畏惧，拒绝佩戴口罩，无视所有合情合理的医学建议，照旧举办大型聚会。如果新型冠状病毒长得像《权力的游戏》里的异鬼或者《行尸走肉》里的僵尸，那么公共卫生管理也许会容易得多。

● Thinking 101

级联效应：由一个动作影响系统而导致一系列意外事件发生的效应。

我举这些例子是提醒各位注意相似性这一启发式的局限性。有时，微小的原因也能带来巨大影响。比如，我们可能认为一次作弊伤害不大，但作弊行为会产生级联效应，以不可预知的方式影响其他人。反过来说，我们也可能低估微笑或询问他人状况这些小小善举的作用。不要忘了，看似微不足道的举动能让人开心一整天，甚至有可能改变他人的一生。

充分性

虽然相似性会影响人们对原因的判断，但它并非人们在推测原因时采纳的唯一线索。充分性就是更有力的一个。

假设吉尔朝杰克泼了一桶冰水，杰克大叫一声。哲学教授菲尔从办公室出来，问杰克为什么大叫。吉尔说是因为自己朝杰克身上泼冰水，菲尔教授不相信。"你怎么知道杰克是因为这样才大叫呢?"菲尔教授问道。这当然不是人们面对此种状况时通常会问出的问题，但谁让菲尔教授专攻认识论，专门研究人们如何认识事物呢。吉尔回答:"因为只要有人朝别人身上泼冰水，被泼的人就会大叫。"这就是充分条件:只要 X 发生，Y 就会发生。当 X 是 Y 的充分条件时，我们就推断 X 是 Y 发生的原因。这样看没问题。

问题在于，我们认定一个原因仅仅出于它看起来是结果的充分条件，在很多情况下，其他原因被忽视了。回到杰克和吉尔的例子，我们知道吉尔朝杰克泼冰水后就不会考虑导致杰克大叫的其他原因，比如可能有条蛇朝杰克爬过去，或者杰克突然想起来他和菲尔教授约好了见面，而他马上就要迟到了，诸如此类。也就是说，我们认定心中所想的原因足以引发某件事，就会忽略其他可能导致事情发生的原因。

这种情况在现实世界中经常发生，我们要意识到，这样做常常会导致错怪他人。举个具体的例子，格温妮斯参加一部电视剧的试镜并顺利通过，得以出演剧中的角色。米歇尔发现格温妮斯的父亲和这部电视剧的制片人认识，她据此认定格温妮斯是因为父亲的关系才得到了这个角色，格温妮斯或许是个好演员这一可能性就被忽略了。实际上，格温妮斯可能既有关系，又有演技。这种选择性忽视反复上演，我们好像认定两个原因一定会相互排斥，一个存在，另一个就不存在或者不可能发挥作用。

我们总是倾向于认为，如果某人为了成功付出了许多努力，那这个人就没什么天赋。上高中和大学时，我身边有很多令人讨厌的同学在考试前总会装作不怎么学习，以便让自己看起来聪明一些。据说莫扎特的遗孀烧掉了他 90% 的早期曲稿，让人以为他在脑子里就把曲子写好，从而将他打造成天才。当然，没人能否认莫扎特的音乐才华，不管他的作品是不是在脑子里就成形了。如果这个传闻属实，那他的遗孀真是个精明的公关人员。米开朗琪罗则这么评价自己创作的西斯廷教堂穹顶壁画："如果人们知道我为此付出了多少心血，就不会称我为天才。"

另一个忽视其他原因的绝佳例证是内部驱动力和外部奖励之间的关系。对一个喜欢打扫房间的人来说，一旦他父亲开始付钱让他打扫，他就会觉得自己不是为了快乐而做这件事。研究表明，当获得短期金钱奖励时，人们的表现会变好；当奖励被取消后，他们的生产力就会降低到比以前更低的水平。[2] 这很可能是因为在获得奖励时，他们会把成果归功于奖励，而忽视自己之前就拥有的内在动力。因此，当奖励被取消后，他们的内在动力就会比以前小。

当然，这种忽视不一定是错的，现实生活中我们就会这么做。假如某人对某项任务不感兴趣，我们就得付钱让他去做。如此一来，内部驱动力和外部奖励之间就建立起一种负相关关系。大多数时候，我们做自己喜欢的事情不需要奖励。我喜欢在清晨遛狗，顺便观赏日出，没人会因此付钱给我。同样，很多有才能的人不需要像普通人那样努力就能取得同样的成就。不过，**只关注某一已知原因，自动忽略其他确凿的原因，可能会导致许多错误结论。**

我举一个现实生活中的例子，证明这种忽视会伤害其他人。经济学家劳伦斯·萨默斯（Lawrence Summers）曾任美国财政部部长和哈佛大学校长，2005 年，他关于性别在科学界的作用的言论引起轩然大波。再加上其他事件的推波助澜，最终他辞去了哈佛大学校长一职。萨默斯指出，科学界身居高位的群体（如终身教授）中存在的性别鸿沟可能源自"内在天赋的问题，尤其是天赋的多样性"。也就是说，即便男性和女性的平均学术水平相当，拥有攀登科学高峰所需的非凡才能的男性仍然多于女性。

之后，学术界的争论集中在科学天赋是否真的存在性别差异这一问题上。但是这里我想讨论另一个问题，即男女天赋存在差异这一论断如何让人们忽略社会因素（比如社会对女人和女孩的期望）导致性别鸿沟的可能性。《波士顿环球报》（The Boston Globe）报道称："萨默斯在一次采访中说……'行为遗传学研究表明，过去人们归因于社会化的问题或许并非源自社会化。'"即便存在真正的遗传差异（我认为并不存在，不过这里为了方便讨论，假定此类差异存在），这些发现也不能自动排除社会化中的性别偏差导致性别鸿沟这一可能性。受萨默斯的言论启发而开展的一项研究表明，不经验证的忽视会造成灾难性的后果，比如进一步扩大性别鸿沟。[3]

这项研究的参与者都是女性。她们先阅读一篇设计成阅读理解的文章，接着接受数学测试。该实验的关键控制变量是文章内容。第一组参与者阅读的文章描述了一项研究，该研究称："男性和女性在数学测试中的表现一样出色。"第二组参与者阅读的文章称："Y 染色体上的某些基因令男性在数学测试中的得分比女性高出 5%。"这样一篇文章竟然使第二组参与者在之后的数学测试中的得分比第一组低 25%！在我的课上，这差不多就是得 A 和 C 的差别。

这项研究还很严谨地加入了第三组参与者，她们被告知男性在数学测试中的表现优于女性。不过她们阅读的文章称，这一差异是因为"教师在学龄儿童的个性塑造期就对他们抱持带有性别偏差的期望"。这一解释足以将第三组参与者的分数提升至与第一组相当的水平。这充分说明，第二组参与者在被告知性别差异天生存在后，自动忽视了环境因素对性别差异的影响。这一非凡的研究清楚地表明，不恰当的忽视会影响人的表现。

当某一原因已知时，我们会下意识忽视可能导致同一现象的第二个原因。有时候，现实中的因果确实如此，但我们已经知道，这也可能大错特错，伤及无辜。认识到这一点，我们就要在忽略其他原因之前更加谨慎，甚至明确承认其他潜在原因的作用。

必要性

在归因过程中充分考虑了充分性之后，我们来看看硬币的另一面：必要性。如果一个事件是某个结果的必要条件，那么该事件也有可能是其产生的原因之一。在法律界，这就是所谓的"如无则不"原则。

蛋头先生（Humpty Dumpty）[1]坐在一堵摇摇欲坠的墙上，接着重重地摔下来，摔破了头。这堵墙的主人是国王，他一直忙于打高尔夫，忘了让手下的人维修城墙。蛋头先生的律师主张，如果不是因为国王的疏忽，蛋头先生则不会有事，所以国王要为蛋头先生的受伤负责。

"蛋壳脑袋规则"[2]源自一个真实案件，该案件中的原告因为一次小事故死亡。这条规则进一步强调将必要性作为定责的一个重要标准。一些法学家会用蛋头先生来解释这一规则，所以我们继续以此为

---

[1] 这源自一首名为《蛋头先生》的童谣：蛋头先生坐墙头，蛋头先生摔跟头，国王的人马全来到，无法恢复傻蛋头。——译者注
[2] 蛋壳脑袋规则：如果被侵权一方存在非同寻常且常人难以预料的状况，导致其因侵权方的故意或过失行为遭受伤害，那么侵权一方仍然需要承担侵权责任。——译者注

例。国王的辩护律师会说，蛋头先生之所以会受伤，是因为他的头骨太脆弱了——毕竟他只是一个鸡蛋，至少绘本里是这么画的，而众所周知，鸡蛋易碎。不过根据蛋壳脑袋规则，国王依然负有责任，因为即便原告存在头骨脆弱这一先决条件，假如城墙得到妥善维护，蛋头先生就不会受伤。

在法庭之外，我们在寻找原因的时候也常常进行类似的反事实推理。如果没有事件 A，事件 B 还会发生吗？如果我没去那家商店，是不是就不会遇上事故？如果他没有接受那份工作，他们是不是就不会离婚？如果反事实世界的结果发生变化，我们就会把这个因素视作事件发生的原因。反事实推理在归因过程中有逻辑可循，毕竟法律界都这么用。

当然，不是所有的必要条件都是原因。比如，生火需要氧气，但没人会认为氧气是加利福尼亚州山火频发的罪魁祸首。一个人必须出生才会死去。假如玛丽莲·梦露没出生，她就不会死，但梦露出生并不构成她神秘死亡的原因。除了必要性这一启发式，我们还需要后文介绍的其他线索作为补充，才能从事情发生的众多必要条件中找到真正原因。其实，这一章所介绍的线索都互为补充。

反常性

我们常把反常事件当作原因。接触氧气和出生并非反常情况，而国王疏于维护城墙则是反常事件，因为通常情况下他应该照看好自己的财产，他的疏忽构成了蛋头先生受伤的原因。同样，背部剧痛和救护车鸣笛中的任意一项都足以让人压力倍增。假如你长期忍受背痛，又不常听见救护车响，某天突然听到救护车鸣笛，你就会认为是鸣笛让你感受到了压力。反之，如果你住在医院附近，又不常背痛，你就会觉得压力是由背痛导致的。

这有助于解释为什么不同的人对同一事件的归因往往大相径庭，因为每个人对正常和反常的认定标准不同。比如，小林在面试过程中很紧张。通常情况下，她冷静又自信，那么在她看来，面试官的暴躁脾气就是自己紧张的原因。而对面试官来说，他见过许多面试者，所以面试的各种场面对他来说稀松平常。小林看上去比其他候选人更紧张，面试官便会认定是她的个性所致。

我们再来看看枪支暴力。在美国，人们可以通过合法途径购买手枪、猎枪和来复枪，在某些州还能买到半自动枪械。每当发生大规模枪击案，一些人就会怪罪枪手，理由是大部分持枪者不会拔枪朝人射击，所以一定是这些枪手不正常，比如精神出了状况、无法控制自己的愤怒或者有意识形态问题。然而，从全球范围来看，反常的是美国这个国家。有调查显示，2018 年美国每 100 人持有枪支的数量是 120.5 支，居世界首位。这一数字是第二名也门的 2 倍多，是加拿大的 4 倍。从这些统计数据来看，美国在枪支方面明显有些反常。因此，纵观全球，相比于枪手个人的性格问题，美国的枪支泛滥应该为枪击案负更多责任。

人们所持视角不同，针对同一事件会归纳出不同原因。某些人的归因在我们看来是如此荒谬，这时就有必要试着从他们的角度去看这个世界。他们的归因可能是错的，但至少我们能够明白他们是怎么得出错误结论的。我们说不定会重新审视自己的视角。

采取行动还是按兵不动

在从一堆候选原因中选取合理原因的过程中,我们选用的另一个启发式是归因于采取行动而非按兵不动。[4] 这可以用一个经典例子的改编版来说明。阿耶莎拥有 A 公司的股票,她打算将它们卖掉,购入 B 公司的股票,后来也确实这么做了。B 公司股票大跌,阿耶莎损失了 1 万美元。碧妮塔则一直持有 B 公司股票(也就是阿耶莎后来购入股票的那家公司)。她曾考虑转投 A 公司,最终还是继续持有 B 公司的股票。虽然碧妮塔也损失了 1 万美元,但不难想象,主动换投股票的阿耶莎会比什么都没做的碧妮塔感觉更糟。即便结果相同,人们总会归因于采取行动而非按兵不动,这样的例子还有很多。

我们之所以会归因于采取行动而不是按兵不动,是因为在考虑所有可能性时,相比于后悔没有做出行动,我们更容易想到希望自己没有采取的某项具体行动。在很多情况下,即便我们想做些什么,也不清楚能否改变结果。

按兵不动这一举动我们根本看不见,所以很容易忽略它如何导致具体事件的发生。即便内心深处清楚可以做出更公正的行为,我们中的一些人依然选择不去对抗种族主义或应对气候变化,也不揭露亲眼所见的不公平问题,而是合谋维持现状。这些会带来严重后果的按兵不动不易被发觉,更糟的是,忽视按兵不动会导致不可挽回的后果。如果我们不能采取正确行动,气候变化将无法遏制,而这不过只是一

个现实例证。另一个例子是不参与投票。不参与投票的人可能觉得没
什么不好，但这样一来有些候选人就失去了选票，如果他们当选，有
可能改变很多人的生活。**按兵不动并不总是比糟糕的行动强，有时候
两者一样糟糕。**

近因性

当一系列事件发生时，我们通常会将最终结果归因于最近发生的
那件事。无论是篮球、棒球还是足球比赛，在战局胶着之时打入制胜
一球的队员总会获得队友和球迷的喝彩，比如迈克尔·乔丹在对阵犹
他爵士队时投入关键球，带领芝加哥公牛队赢得第六个总冠军。输家
无法阻止对方扭转战局，只能在脑海中不断重演比赛场景，因此备受
折磨。输赢并不是最后一个进球决定的，而是取决于整场比赛累加的
所有得分。尽管如此，最终获得荣耀或受到责备的往往是投进或投失
最后一球的球员。

你可能会争辩说，打入制胜一球或者在比赛最后时刻保持队伍比
分领先的球员要承受更多压力，所以对制胜球和关键球员的看重完全
合理。有时确实如此。不过，接下来的实验表明，对大多数人来说，
时间顺序才是关键，即便显然不该如此。[5]

假设老大和老二两个人分别抛硬币，如果都是字或都是花，每人
赢得 1 000 美元。如果两人抛出的不一样，两人都输。老大决定先抛，
是字；老二接着抛，天哪，是花，1 000 美元没了。

谁的错？几乎所有人都会说是老二。老大和老二谁应该更内疚？大多数人又说是老二。如果我是老二，我会恼羞成怒。如果我是老大，我会大发雷霆，并向老二索要 500 美元，以作为老二对造成损失的补偿。然而，把损失算到老二头上很可笑。我们可以说老大没抛出花也有责任。更合理的说法是两人都没有责任。抛硬币具有随机性，没人能决定让硬币某一面朝上，而且两次抛硬币互不影响。我们总是习惯归因于发生时间更近的事件，即便在时间顺序根本不重要的情况下。

为什么会这样？当一连串事情发生时，比如 A 引发 B，B 引发 C，C 引发 D，那最终结果 D 就不是仅由 A 引起的，还取决于 A、B、C 三件事组成的整个链条。因此，我们不能把结果 D 完全归因于 A，因为即便有 A，假如没有 B 或 C，也不会有 D。不过，如果 C 发生了，即便没有 A 或 B，D 也会发生。也就是说，相比于 A 或 B，C 似乎是更合理的原因。

抛硬币这个例子说明，我们会把近因性这一线索套用在不存在因果关系的一连串事件上。老大抛出字不是老二抛出花的原因。两次抛硬币对结果的影响一样且相互独立。在橄榄球运动中，打破僵局的最后一个触地得分被称为"制胜达阵"，但在此之前的那一次得分对最终的胜利也很关键。**我们往往过分看重最近发生的事件，即便事件发生的顺序对结果根本没有影响。**这会让我们忽视导致结果的其他因素，就算我们认可这些原因，也不会给予它们应有的重视。

可控性

在讨论本章最后一个归因线索之前，我们先退回去想一想为什么会问"为什么"。这个问题的答案能帮助我们理解接下来要讲的这个线索。为什么我们总想找到原因？你的约会对象吃饭来晚了，是因为他的车坏了，还是他忘了这次约会呢？为什么要搞清楚这一点？

归因最重要的一个功能是掌控未来。我们想通过搞清楚每件事情发生的原因来重现好的结果，避免坏的结果。如果约会对象迟到是因为车坏了，你可能还想和对方继续相处下去；如果你知道他并不像你一样期待这次约会，那就不会这么想了。找到他迟到的原因能帮助你弄清楚要不要和他分手。

这引出了一个重要且有用的启发式，即因素是否可控。我们进行归因是为了指导以后的行动，所以通常不会归因于我们无法控制的事情。比如，我在揭开滚烫的锅盖时烫伤了手指，我会怪自己没有戴上隔热手套，下次揭盖子的时候，我就会记得戴上。在这种情况下，我不会把烫伤手指归因于我长了手指或者热会传导，因为我无法改变人体构造和物理定律。虽然我也可以责怪锅的生产商没给锅盖把手做隔热处理，但我更有可能怪自己买了这样的锅，毕竟我可以选择买个带隔热把手的新锅，而无法左右锅的生产厂家。

我们相信存在可控因素，并常把结果归因于这些因素，这会导致我们对同一结果的情绪反应完全不同。[6]假设史蒂文下班回家，因为交通事故堵在路上。最后到家的时候，他发现妻子心脏病发作，已经来不及施救。显然，这让史蒂文悲痛欲绝。不过，他回家晚是因为堵车,这是他无法控制的,所以他会悲伤,但不会内疚。

现在换一个不同的场景。和上述情况一样,史蒂文回家太晚没能救回自己的妻子,但这次是因为顺路去商店买啤酒。那他可能会一辈子为妻子的死而自责,反复问自己:"如果我没去买啤酒,她是不是就不会死?"

归因于可控行为也会带来悲剧性后果。想想犯罪行为的受害者,他们中的许多人都会怪自己。受害者自责这种现象从社会学和文化角度有无数种解释。就归因过程来说,他们之所以会自责,是因为他们想象自己没做什么事比想象施害者没害人更容易。幸存者可能会想:"我要是没喝那么多酒就好了""那时候我要是没笑,是不是就不会被伤害"。在他们看来,这些行为是可控的,而他们很难改变施害者。因此,受害者会自责,即便施害者才是过错方。

自我抽离,从旁观者的角度看问题

归因可以很容易,我们很容易就能断定,吉尔向杰克泼冷水导致后者大叫。归因也可以很难,比如解释为什么女科学家比较少。面对一些真正的难题,无论收集多少线索,我们可能都无法找出导致某一结果的原因。在本章结尾,我们来看一些几乎找不到原因的问题。

最难回答的一个问题应该是"为什么会是我"。当一个人遇到一系列倒霉事的时候,这个问题自然而然就冒了出来。这会让人反复思考同一个问题,并引出更多问题:"为什么会发生在我身上?""为什么我无法融入？""我为什么会为此烦心？""我为什么走不出去？"一直为这些很可能没有答案的问题寻找答案，我们会感觉越来越糟。

苏珊·诺伦-霍克西玛（Susan Nolen-Hoeksema）是我在耶鲁大学的同事，她在 53 岁时去世了。她在临床心理学领域的开创性研究表明，反刍式思考会导致抑郁。[7] 诺伦-霍克西玛招募了不同抑郁程度的本科生进行研究。一组参与者有抑郁情绪，这意味着他们不一定会被诊断为抑郁，但有一些抑郁症状。另一组参与者则没有抑郁情绪。

在研究过程中，所有参与者按照指示思考自己的想法和情绪，如"你目前的能量层级""你的感觉可能意味着什么""为什么你会有这样的反应"等。请注意，这些都是中性问题，没有引发抑郁想法的意图。参与者进行了 8 分钟的反刍式思考。如果你本就心情低落，不要自行尝试上述行为。参与者进行反刍式思考之后，研究人员再次测量他们的抑郁程度，有抑郁情绪的一组明显越发心情低落，他们不过是思考了一会儿自己的负面情绪从何而来。

尽管这项研究中情绪正常的参与者没有因为反刍式思考变得抑郁，我还是要提醒大家，那些通常心情愉悦的人也会被反刍式思考影响，因为遇到不好的事情或者陷入负面情绪的时候，我们会问更多"为什么"。如果通过了一场很难的考试或者谈成了一笔交易，我们不会因为思考事情进展顺利的原因而失眠。相反，当事情失败的时候，我们会心情低落，并纠结于事情为什么会变得如此糟糕。实际上，长期处在婚姻失败、经济窘迫、工作不顺利等压力下的人，往往会更频繁地进行反刍式思考。原因很简单，人们在处理问题时会试着通过寻找问题产生的原因来解决问题，防止以后再犯错。这样做让人觉得自己在积累经验。

遗憾的是，有研究表明，反刍式思考实际上妨碍了我们有效解决问题。[8] 原因可能是我们之前讨论过的证实性偏差。我们情绪低落的时候会反复回忆那些让我们产生这种情绪的事情。当你处于对自己没有信心的状态时，你就很难高效地解决问题。反刍式思考无法帮助我们找到对策或原因，只会让我们陷入对未来的不确定、焦虑和绝望之中，还会进一步把我们拖入酗酒和进食障碍的旋涡。

应对极端难题或近乎无解的问题，一种有效的方法是远离问题情境。在进行反刍式思考的时候，我们会让自己沉浸在问题情境中。比如，当你试图找出悲剧事件发生的原因时，你可能会反复重温那段悲伤的经历。显然，这会再度激发你所有的负面情绪。如此沉浸于悲伤之中，你很难去解决问题，只是在这样的视角下不断消耗自己的情绪。相反，**自我抽离才真正有用。即便问题只发生在自己身上，你也可以试着退后一步，从旁观者的角度看待问题。**具体做法可以参照一项实验，该实验表明，自我抽离这一方法能够有效解决人际冲突。[9] 在这项实验中，参与者要回忆一个自己非常生气甚至充满敌意的情境。接着，研究人员告诉他们："退后几步，远离这段经历……重现这场冲突，就好像它在远方的你身上重演一样。"在这个新的视角下，参与者需要"试着思考那个远方的你产生这种情绪的原因"。相较于同一实验中用自我沉浸法解决问题的另一组参与者，从第三视角看待问题的参与者表现出来的愤怒和潜意识里的愤怒都更少。

自我抽离还能发挥长期效应。[10] 实验结束一周后，按要求自我抽离的参与者被召回实验室。在实验的第二阶段，他们要再度思考之前那场冲突。这一次，他们没有被要求自我抽离。即便没有明确的指示，相比于第一阶段在回忆糟糕经历时没有采用自我抽离法的那些人，尝试过自我抽离的参与者的负面情绪少得多。一旦通过自我抽离从另一角度看待糟糕的经历，他们就会记住这种全新的解读方式。

不过，我们还面临一个大问题，即我们怎么知道一个"为什么"的问题有没有答案。**严格来说，没有一个"为什么"的问题有答案。我们永远无法找出任何一个结果背后的真正原因。**

我们可以进行反事实推理，假设威尔逊总统没有患流感，是不是就不会发生大屠杀，但我们无法给出确定的答案。我们不能只改变过去的一件事，并假定其他因素都保持不变，因为这根本不可能（这就是我不喜欢大部分关于时间旅行的电影或电视剧的原因，剧情不可能像主角们设想的那样展开）。

即便是很简单的、没那么大历史影响的因果关系，我们也无法百分之百认定这些因果关系就是真实的。例如，萨拉的奶奶在她生日那天给了她 100 美元，她很高兴。萨拉自己可能也不知道，她高兴是因为今天的天气、刚刚看见的一条可爱的蜥蜴，还是期待吃到自己的生日蛋糕。

有人会说，我亲眼看见了原因导致结果的过程。一个红球向黄球滚去，碰到黄球后，黄球开始移动。我们不是看到了红球导致黄球移动吗？ 18 世纪的英国哲学家大卫·休谟说过，即便我们亲眼看见了因果发生，也不能保证是这件事情导致那件事情。黄球可能是被红球之外的某种力量推动，甚至可能是自己移动的，你看到的因果关系只是假象。

　　我们认为自己找到了问题的答案，从某种意义上说，其实是知道下次面对类似情境的时候，若想得到同样的结果该做些什么最好，或者想得到不同的结果时不做什么。正因如此，那些能够为未来提供行动建议的问题值得我们去寻找答案。如果类似的情境不再出现，我们就不可能找到正确答案，也没必要这么做。一旦你不再纠结于某些事情，尤其是不好的事情发生的原因，那么你就跳出了事情本身，不仅远离了懊悔和遗憾等负面情绪，还能在下次遇到棘手的情况时更有效地解决问题。

心理学
第一课

1. 只关注某一已知原因，而忽略其他原因，可能会导致许多错误结论。当某一原因已知时，我们会下意识忽视可能导致同一现象的第二个原因。

2. 人们所持视角不同，针对同一事件会总结出不同的原因。

3. 应对极端难题或近乎无解的问题，一种有效的方法是远离问题情境。

4. 学会自我抽离，从旁观者的角度看问题。

5. 严格来说，没有一个"为什么"的问题有答案。我们永远无法找出任何一个结果背后的真正原因。

THINKING
101

How to Reason
Better to Live Better

第 4 章

"吸烟有害健康"的字样和
令人反感的图片，哪一个让
你印象更深刻

我在教学中会使用许多例子,因为认知心理学研究表明,这么做效果很好。**相比于脱离情境的抽象论述,生动的例子更有说服力,更易理解,更难忘记**。我们可以用如下事例来说明(当然要举个例子)。

如果需要一个很大的力去实现某一目标,但直接施力受阻,那么从不同的方向一起施加较小的力也能达到同样的效果。

这段描述非常抽象,也没有情境,尽管说得通,却很难理解应用于什么情况,所以第二天可能就没人记得了。现在,我们来看看下面这个故事。

一个小国被一个暴虐的独裁者统治着,独裁者住在一座坚固的城堡里。城堡位于小国的中心,周围是农田和村庄。条条道路从城堡向四周辐射,就像车轮上的辐条。小国边境有位将军率领一支大军起义,发誓要攻陷城堡,把这个国家从独裁者手中解放出来。将军知道,如果整支军队一起攻打这座城堡就能攻陷它。大军聚集在通往城堡的一条道路上,准备进攻。此时，探子带来一个不好的消息。暴虐的独裁者在每条路上都埋下了地雷，只有小股部队能安全通过，因为独裁者的军队和工人还要进出城堡，而将军的大军会引爆地雷。这样不仅会导致大量伤亡，独裁者还会实施报复，破坏周边村庄。因此，发起全面进攻直接攻打城堡这个作战方式作废了。将军制订了一个简单的计划，把大军分成多支小队，每支小队被派到不同的道路上。一切准备就绪，将军一声令下，各小队沿着各条道路向城堡进发，最后同时抵达。

这个小故事和我之前描述的抽象原则讲的是同一内容，虽然它不够简洁，但更具吸引力，让人难以忘记。具体的例子比抽象的描述效果更好，而且能给人留下更深刻的印象。

具体的例子还更有说服力。1969 年，美国国会通过了《公共健康吸烟法案》（*Public Health Cigarette Smoking Act*），要求烟草外包装上标示这样的提醒："警告：卫生局局长已经确定吸烟有害健康。"这句警告并不明确，几乎没有效果。1984 年，美国国会颁布了《全面烟草教育法案》（*Comprehensive Smoking Education Act*），要求烟草外包装上的警告明确具体，比如吸烟会导致肺癌、心脏病、肺气肿和妊娠并发症，并危害婴儿健康。然而，这么详尽的警告依然让人感觉空洞苍白，无法引起人们的重视。

在澳大利亚，政府规定烟草外包装上的警示标志必须配上图片，比如一个早产儿的照片，其手臂像木棍一样纤细，皱皱的鼻子上插着氧气管，或者一张恶心的绿色牙齿的照片，旁边有口腔癌和喉癌风险的文字警告。有科学证据显示，这种令人不安的图片能起作用。美国疾病控制和预防中心发起的"吸烟者的建议"禁烟运动则侧重对证人证言的宣传。一名吸烟者因喉癌接受了全喉切除术,只能通过电子发声器说话。另一名吸烟者展示了自己胸口的斑驳疤痕,那是心血管手术留下的印记。有一名吸烟者则因口腔癌被切除了半个下巴。这场运动让美国人的戒烟率提升了 12%。[1] 2020 年 3 月,美国食品药品监督管理局最终规定,烟草外包装上必须有健康警示,还要配以写实的图片,以展示吸烟对健康的负面影响。

生动的例子是传递信息、说服他人的好方法,不过本章要讲的是它的危害。具体的例子和故事产生的影响力有时大到让我们失去理性。2020 年时,我们会听到身边的人说"我祖父感染了新型冠状病毒,一周就好了,那不过是流感",或者"我朋友从来不戴口罩,也没感染新型冠状病毒"。对很多人来说,一两个熟人的例子比基于大量样本的科学证据更有说服力。

理智告诉我们,常用社交媒体的好友发的那些精心处理过的照片,那些美不胜收的度假胜地和精美食物,不过是刻意展示的生活片段,而非日复一日的常态。然而,看着那碧蓝的游泳池、香奈儿包配上热带风味饮品,还有朋友灿烂的笑脸,你很难想象他们和其他人一样,也缺乏安全感,也会因某事而愤怒,有时还会患上肠易激综合征。

若想避免被生动的例子和故事过度影响,我们要自问为什么它们有这么强大的影响力。一些研究人员认为,这是因为相比于抽象的概念,我们的大脑天生就习惯于根据我们的经历或感受来思考,即我们的思考主要基于视觉、听觉、嗅觉、味觉和触觉。比如,某个口腔癌患者的嘴巴照片就很有说服力,一下子让你感受到看牙医时牙龈的疼痛。虽然我同意这个观点，但这并不意味着我们可以忽视 2021 年 4 月可能在新闻中看到的一个故事。一位 3 个孩子的妈妈接种了强生公司的新型冠状病毒疫苗，随后因血栓去世。在我们看来，这个故事足以推翻美国疾病控制和预防中心的数据。数据显示，680 万人接种了强生公司的疫苗，其中仅有 6 人形成血栓。现在，我们重新组织语言发问：为什么我们倾向于相信具体事例而非抽象的统计数据？

理解数据的 3 个关键概念

我们不相信统计数据的主要原因是没有完全理解统计数据。若想更好地理解统计数据，避免在日常生活中做出毫无理智的决断，我们要理解 3 个关键概念，即大数定律、均值回归和贝叶斯定理。它们听起来很专业，有些人估计看到它们的名字就打退堂鼓。研究显示，了解这 3 个原则能帮助人们对统计数据做出更准确的评估。下面我将逐一解释这 3 个概念，别担心，我会举很多例子。

大数定律

> ● Thinking 101
> **大数定律**：数据越多越好，指导人们从有限的观察结果中得出结论。

大数定律是一个重要原则，指导我们从有限的观察结果中得出结论。简单来说就是数据越多越好。比如，我们去一家新餐厅吃饭，吃过 5 次比吃过 1 次更有把握说这家餐厅的菜好吃。**观察次数越多，我们总结的**

规律就能越好地适用于没有遇到过的情况，对未来的预测也越准确。我们很容易就能理解这个定律，但在现实生活中常常忽视它。

在现实生活中，忽视大数定律而相信趣闻轶事的例子数不胜数。除了之前提到的那些，我在这里还会列举一些。比如，大部分创业项目都以失败告终，约占总数的 70% ～ 90%，不同来源的数据只是略有不同。然而，3 个人从租床垫起步到创立爱彼迎这个到 2020 年市值达310 亿美元的公司，任何听了这个故事的人都会幻想成为一个有钱的企业家。

另一个例子是关于气候变化的。尽管大量的统计数据表明，大气中二氧化碳的含量几千年来不断上升，地球平均气温和海平面也是同样的发展趋势，但是一场暴风雪就能让美国总统在社交媒体上说："不是说全球在变暖吗？"斯蒂芬·科尔伯特（Stephen Colbert）对此做出了幽默的回应："哪有什么全球变暖，我今天就觉得很冷！还有个好消息，全球饥荒结束了，因为我刚吃过饭。"

为了说明过于轻信事例的危害而列举太多例子不够严谨，现在我们来聊聊基于大量样本的控制实验提供的科学证据。一项研究招募本科生以深入了解对他们来说很重要的一个话题，即课程评价。[2] 每学期末尾，大多数大学都会让学生对过去的这个学期所学课程进行综合评价。一组参与者收到的课程评价是上届学生给出的总体评价："课程总体评价（119 人选修，112 人给出评价）：好。"另一组参与者则观看视频，看到的是许多学生的口头评价，比如"我选修了学习和记忆课程，我觉得不错……学习和记忆的内容讲得很好，不过作为一门总论课程，不可能非常深入……有时候我会觉得无聊……我在课上还是收获了非常多有价值的信息"。无论是只读了总体评价的那组，还是只听了口头评价的那组，所有参与者都要选择自己接下来几年想要学习的课程。结果表明，细节描述比总体评价对参与者的选课影响更大，尽管后者是基于更多学生的经验的总结。

遵循大数定律的原则，我还要再介绍一项研究。在这项研究中，研究人员想搞明白，如果参与者已经知晓这个思考误区，他们是否还会过度依赖某一件事带来的启示。[3] 参与者得知，在完成一份与研究内容毫无关系的调查问卷之后，他们将得到 5 美元的酬劳。完成问卷后，他们收到 5 美元现金和一个信封，信封里有一份来自救助儿童会（Save the Children）的倡议书，讲述了非洲南部的粮食危机，参与者要仔细阅读这封信。

一组参与者收到的信的内容选自救助儿童会网站上的真实信息，比如"马拉维的食物短缺波及 300 多万儿童。400 万安哥拉人背井离乡，占该国总人口的 1/3"。这组参与者平均捐款 1.17 美元。

另一组参与者收到的信里没有统计数据，而是一张照片，上面是一个名叫洛奇亚的 7 岁小女孩，她来自马里这个正面临严重饥荒的国家。该组平均捐款 2.83 美元，是前一组的 2 倍多。研究人员对此的解读是，相比于看到包含数百万个例子的数据的参与者，只看到一个事例的参与者更相信非洲南部的粮食危机。这就违反了大数定律。

该研究还招募了第三组参与者，他们被告知可识别受害者效应。那么了解这一效应的荒谬之处，能否消除其影响呢？在这一干预条件下，参与者被分成两组：一组阅读数据，了解数百万人在受饥荒之苦；另一组则阅读 7 岁女孩洛奇亚的故事。此外，两组人还会看到下面这段文字。

● Thinking 101

可识别受害者效应：相比客观统计数据，人们更容易对具体的、可识别的受害者产生怜悯。

研究表明，人们通常对面临问题的具体的人反应更强烈，而不是对这群人的统计数据。比如，1989 年，美国得克萨斯州的"杰西卡宝贝"（Baby Jessica）掉进井里，人们捐款 70 多万美元营救她。至于统计数据，比如未来一年会有成千上万的儿童死于车祸，则很少能引起如此强烈的反响。

这段文字确实产生了一定的影响，读完洛奇亚的故事和"杰西卡宝贝"效应的那组平均捐款 1.36 美元，比只读到洛奇亚的故事那组捐款少。不过，阅读这段文字并没有提高仅被告知统计数据而非具体例子的参与者的平均捐款额。了解具体事例的作用或许会让人理智一些，但并没有提升救助儿童会获得的捐款总额。再抽象一点，知晓可识别受害者效应的荒谬之处并不能提升大数据的影响力。因此，救助儿童会这样的机构会在其网站和筹款会上既公布统计数据，又讲述故事，还会配上可爱孩子的照片，这或许是最好的方法。

另一项研究表明，有一种方法可以帮助人们寻找更多数据，更信任数据，那就是告诉他们大数定律的道理。[4] 我可以具体描述这项研究，为了让描述更生动、更难忘，我将以自己为例。

我儿子 5 岁的时候，我给他报了滑冰初级班。他能穿着冰鞋在冰上站着，然后滑上几步，但到了第 3 年，他还是只会这些（是的，已经第 3 年了，不是第 3 期）。他 7 岁的时候，我还给他报了足球班。在一次比赛中，我发现球飞向他的时候，他总会躲开。从这些例子来看，我儿子显然不喜欢运动。

不过，依照大数定律，我要考虑所有运动，除了足球和滑冰，还有网球、排球、棒球、篮球、冲浪、冰壶、赛艇、攀岩、雪车、马术、射箭等。假设世界上有 100 种运动，统计学家称之为"总体"，即一定范围内统计事物的总体数量。我只观察到滑冰和足球这两个样本，却对总体做出推论。这种基于少量样本对总体进行概括的做法是有问题的。假设 100 种运动中有 60 种是我儿子喜欢的，即便他喜欢的运动超过半数，我一开始给他介绍的两种也可能刚好不是他喜欢的。这是完全有可能的，毕竟还有 40 种运动他不喜欢。

对我儿子来说，幸好他上的那所高中要求所有学生都要选一项运动。于是他成了学校越野队的队长，现在还坚持跑步。或许足球比赛的时候，他不是躲开足球，而是单纯喜欢跑步。

均值回归

相较于大数定律，均值回归这个统计学概念就没那么好理解了。我在读研究生的时候第一次接触到这个概念，那时并没有搞懂它。现在我教授均值回归这个概念也有几十年了，总算知道怎么向大家解释它。我们从著名的"《体育画报》（Sports Illustrated）封面魔咒"开始，这是经常用来说明均值回归的例子。

　　无论是运动员还是运动队，只要上了《体育画报》的封面，他们的成绩就会下滑。比如，2015 年 8 月 31 日，塞雷娜·威廉姆斯（Serena Williams）登上该期《体育画报》封面。封面上，这位世界顶尖的网球选手紧紧盯着她抛到空中的网球，准备发球。封面标题是："塞雷娜：众望所归的大满贯得主"。杂志中的文章写道："塞雷娜有机会获得职业生涯的第一个年度大满贯……今年，塞雷娜击败玛丽亚·莎拉波娃（Maria Sharapova）获得澳大利亚网球公开赛冠军，击败露西·萨法洛娃（Lucie Šafářová）获得法国网球公开赛冠军，击败加尔比妮·穆古拉扎（Garbiñe Muguruza）获得温布尔登网球公开赛冠军。"然而，这期杂志刚摆上报亭，塞雷娜就在美国网球公开赛中输给了意大利选手罗伯塔·文奇（Roberta Vinci），都没能打进决赛。

> ● Thinking 101
>
> **均值回归**：股票价格无论高于还是低于价值均值，都会以很高的概率向价值均值回归的趋势。

　　2017 年 9 月 4 日，汤姆·布雷迪（Tom Brady）登上了《体育画报》的封面，他曾获得 4 次超级碗最佳球员和 2 次美国职业橄榄球大联盟最佳球员。那年他仍旧在为新英格兰爱国者队效力，所以封面标题这样预告新赛季的开启："新英格兰爱国者队的问题：无人能敌的时代是否会被终结？答案是不会。"结果，封面标题又一次预测错误，新英格兰爱国者队在揭幕战上以 27∶42 负于堪萨斯城酋长队。

　　这里只举了两个例子，不过我可没忘记大数定律。你可以在网上找到很多经历《体育画报》封面魔咒的运动队和运动员，可以一直追溯到 1954 年该杂志创刊的时候。

如果真的有这个封面魔咒，它出现的原因是什么？可能是因为那些登上封面的著名运动员骄傲自满，比赛时疏忽大意，也可能是因为他们由于众望所归而过度焦虑。与其责怪运动员，我们更应该认识到封面魔咒体现了均值回归这一统计学现象。我们先把封面魔咒放到一边，来看一种极端情况，它不是真实案例，只是为了解释这个概念打的比方。

假设 1 万名学生做 100 道正误判断题，他们都不具备相关背景知识，问题大多都很无厘头，比如"詹妮弗·洛佩兹（Jennifer Lopez）的社保账号最后一位数是偶数""鲁斯·巴德·金斯伯格（Ruth Bader Ginsburg）2015 年有 15 双运动袜"。学生们只能靠猜。换句话说，在回答这些问题的时候，学生们的能力差不多。由于是判断题，这项测试的平均分不是零分，而是更接近于 50 分（满分 100 分），很多学生的得分在 40 ～ 60 之间。当然，这些学生中可能有人非常幸运地答对了 95 道题，而最不走运的那个人可能只答对了 5 道题，这种情况虽然非常罕见，但确实有可能发生。

现在，假设这 1 万名学生又进行一轮正误判断，还是 100 道题，他们依然要靠猜测。上一次得 95 分或 5 分的人表现如何呢？得 95 分的那个人不太可能再那么幸运了。上次成功避开 95 道题的正确答案的人，这次也不太可能还那么倒霉。因此，上一轮最幸运的那个人的分数会下降，而最倒霉的那个人的分数会上升。这跟学生的知识、进取心、焦虑程度毫无关系，纯粹是均值回归这一统计学现象，即第一次测试中的最高分会在第二次测试中向平均值靠拢。

除了全靠蒙的测试，均值回归现象也出现在其他活动中。测试也好，体育比赛和音乐表演也罢，不管什么活动，人们的表现都会受到不可控因素的影响，导致最终成绩与他们的能力不匹配。了解了这个统计学现象，我们就很容易理解《体育画报》封面魔咒。顶尖运动员也会受不可控因素影响，比如场地条件、比赛强度、休息和饮食情况、球的随机弹跳、裁判判罚尺度等。当这些因素对运动员有利时，他们就更有可能发挥甚至超越自己的实力。这时候，我们会感叹："哇，她今天如有神助！"那些登上《体育画报》封面的表现足够出色的运动员，很可能在很长一段时间里都受到了不可控因素的有利影响。然而，从统计学的角度来说，运气不会总出现在他们这边，这种情况总有结束的一天。没有哪个冠军从没失败过。在一场激烈的比赛中，哪怕是一点点不走运也可能让选手输掉比赛，魔咒也就应验了。

如果忽视均值回归，我们就会做出不准确的归因，进而导致回归谬误。比如，我们会认为运动员在成名之后变得骄傲或懒惰，进而成绩下降，而实际原因是均值回归。相反的情况也会出现，我们会错误地归功于某人。比如，一位教师想出新的教学方法激励学生，想要提升上次考试成绩垫底的学生的成绩。学生的分数提升了，老师会认为是自己的教学方法起了作用。其实，分数提升也可能是均值回归现象，第一次考砸了的学生可能是因为受到一些不可控因素的干扰，比如那天不开心，或者考试的题目在他们掌握的知识范围之外。这些干扰因素在随后的考试中再次出现的概率非常小。因此，学生分数提升的真正原因可能会让老师失望，那不过是均值回归现象。

回归谬误也会出现在工作面试中。此时，本章讨论的具体事例的危害就出现了。企业会在面对面的面试之后做出人事聘任的决定。最终进入面试的为数不多的应聘者已经达到了某一标准，所以他们的水平都差不多。这也就意味着，不可控因素能够决定最终的人事聘任。在面试过程中，对应聘者有利或不利的因素有很多，而且不可控。面试官可能因为在开车上班的路上听到的早间新闻而心情不悦。我还听说过有个应聘者穿的鞋子不成对，因为她赶着出门，随便套上了两只放在一起的鞋子，她在整个面试过程中一定感到很不自在。一个应聘者可能碰巧穿了一件蓝色衬衫，这种颜色刚好是面试官喜欢的。一位音乐家面试时演奏的曲子，刚好是她过去一年反复练习的那一首。

除了上述对应聘者有利或不利的因素，面试最核心的问题是，面试官只看到应聘者的能力的很小一部分。过分依赖面试决定人员的聘任违反了大数定律。面对面的交流生动、立体、具象且令人印象深刻，让面试官觉得自己真正了解了应聘者，而不是只看到了被不可控因素扭曲的应聘者形象。应聘者在面试时展示出的部分素质，让决策者忽略了那些更准确地反映应聘者多年来的工作能力的事情。一个在面试过程中表现出色的人，入职后的表现可能不尽如人意。想想均值回归，这种落差在某种程度上在我们的意料之中。在面试时表现一般的人，比如那个因为穿错鞋而紧张的应聘者，可能正是企业想要的人。

在应聘助理教授的时候，我借机观察过不同的心理学教授面试的方式。有一所大学的遴选委员会主席让我说说"形而上学"的含义（因为我在求职演讲中说过，我不会谈论因果关系的形而上学）。我随便说了说："形而上学是对事物在世界上的存在本质而不是事物的样貌的研究。"主席说："大错特错。"（我现在仍不知道我哪里说错了，也不知道那天那位主席怎么了。）当然，我没有得到那份工作。很多年之后，当时在场的一位教员替那位主席向我道了歉。

如果你正在经历一场又一场面试，可能会希望面试官读到这一章，这样你就可以带上简历和熟知你的人写的推荐信去参加面试了。你能做的不只是希望，还可以积极地避免成为他人所犯的回归谬误的受害者，具体来说就是增加你的样本量。世界上总会有不可控因素，如果你应聘尽可能多的工作，这些不可控因素就极有可能相互抵消，你获得工作的概率就会提升，你的真实才能和经验就能获得赏识。

那我们怎么避免自己出现回归谬误？比如，面试官应该怎么做？如果可能，最直接的方式是根据简历来评估应聘者。这听起来有些离谱，但我认识的一个人的确是这么做的，那个人就是最终录取我的耶鲁大学遴选委员会主席，他告诉我，他根本不信面试那套。为了应付长达30分钟的面试，我不得不围绕自己的教学理念和研究计划自问自答。我最终获得了耶鲁大学的工作。这里不像别处那样按照传统进行为期两天的面试，所以我心甘情愿地选择了它。

不过，在决定聘用一个人之前，要先看看这个人的言行举止，所以不面试可能不行。简历和推荐信看起来没有人情味，传递的信息不够直观。我们可能会认为，如果亲眼看到本人，哪怕只是一小会儿，就能做出更好的决定。问题是，一旦这么做，我们就很难摆脱单一印象的过度影响。其实，我们心里也有数。很少有人会在和他人第一次约会后就决定和对方结婚。我们只需记住均值回归现象，不要让自己受到某人某一次的出色表现的震撼，或者看不惯应聘者穿的鞋子。走入婚姻之前，我们会和对方多次约会，同样，我们要依据大数定律从多角度观察应聘者。在不同的情境下观察应聘者需要花费大量的时间和精力，但不管怎么说，这总比选错人的成本要低，也更简单。

贝叶斯定理

> **Thinking 101**
>
> **贝叶斯定理：**贝叶斯提出的关于随机事件 A 和 B 的条件概率（或边缘概率）的一则定理，以 $P(A|B)$ 表示在 B 发生的情况下 A 发生的可能性（概率）。

除大数定律、均值回归外，第三个能够让我们变得更理性的统计学概念是贝叶斯定理。我们还是从一个例子开始。

在美国，20 世纪 90 年代之前出生的大多数人都对 2001 年 9 月 11 日的袭击记忆犹新。双子塔被撞出大洞，灰尘在大街上翻腾，这些画面在电视上反复播放。废墟的照片和人们获救的故事占据了各家报纸和杂志的版面。近 3 000 人在袭击中丧生。美国人被吓坏了。

不幸的是，有些人迁怒于无辜的美国穆斯林，尽管他们与发动袭击的极端组织毫无关系。针对穆斯林的仇恨犯罪案件激增，许多清真寺被焚毁。一个女人高喊着侮辱穆斯林的话语，袭击了在街上推着婴儿车的穆斯林妇女。圣路易斯市的一名男子把枪对准了一个穆斯林的家，叫道："他们都该死！"2015 年，《华盛顿邮报》报道称："时至今日，针对穆斯林的仇恨犯罪案件数量依然是'9·11'事件之前的 5 倍。"

美国政府在"9·11"事件之后采取的反恐措施也是针对穆斯林群体的。联邦探员搜查了阿拉伯裔、穆斯林和南亚裔居住的社区。数千名无辜男性仅仅因为自己属于某个族群就被逮捕、拘留或盘问。有些人被羁押在极端糟糕的环境中长达数月。许多机构为阻止这种种

族定性而奔走呼号，2004 年的美国公民自由联盟（American Civil
Liberties Union）报告就是一例。该报告称，这种针对某些族群的行
动是效率低下的无用功。

为什么这种种族定性行为无效呢？有人为这种行为辩护，认为不
可能搜查所有人，而且发动袭击的就是中东恐怖分子。然而，从概率
的角度来说，针对美国穆斯林的种族定性行为根本站不住脚。若想理
解其原因，我们要搞清楚概率论中的一些基本概念，具体说来就是贝
叶斯定理。

假设有一个东西，我们只知道它是一只考拉。既然是只考拉，那
它是动物的可能性有多大？这很简单，是 100%。现在，反过来想，
假设还有一个东西，我们只知道它是一种动物。那么它是考拉的概率
有多大呢？肯定不是 100%。

太好了！你已经理解了所谓的条件概率。这个概念和它的名字一
样好理解，就是假设 B 事件是真的，以此为条件或事实基础，A 事件
为真的概率。现在，我们已经确定，在 B 条件下 A 的概率和在 A 条
件下 B 的概率是不一样的。

这个有关考拉的例子简单明了，背后的逻辑适用于所有条件概
率。不过，人们常常会混淆在 B 条件下 A 的概率和在 A 条件下 B 的
概率。我们来看一项揭示条件概率混淆现象的研究，研究内容是如何
看待乳房 X 光检查结果。

假定有位女士患有乳腺癌，我们将患乳腺癌称为 A 事件。我们知

道，这位女士的乳房 X 光检查有很大概率会显示她的乳房有肿块。我们把乳房 X 光检查观察到肿块称为 B 事件。那么 A（患乳腺癌）条件下的 B（乳房 X 光检查有肿块）的概率很高。因此，人们会认为，一个女人只要乳房 X 光检查有肿块（B），就很可能患乳腺癌（A），而不管事实是否如此。然而，事实并非如此。仅从患乳腺癌（A）的条件下乳房 X 光检查有肿块（B）的概率很高，无法推断出乳房 X 光检查有肿块（B）条件下患乳腺癌（A）的概率也很高。

我们可以用贝叶斯定理从 A 的条件下 B 的概率，即 $P(B \mid A)$，推出 B 的条件下 A 的概率，即 $P(A \mid B)$。托马斯·贝叶斯（Thomas Bayes）是著名的统计学家和哲学家。18 世纪中叶，他推导出贝叶斯公式。关于贝叶斯为何会对概率论产生兴趣有很多传说，我最喜欢的那个说他是为了反对哲学家大卫·休谟的奇迹论。如果你们对此感兴趣，我会在解释完这个公式之后再聊这一话题。

贝叶斯定理常用于在给定新数据 B 的情况下，更新现有理论或理念 A。比如，在看了 3 部由汤姆·汉克斯（Tom Hanks）主演的优秀影片之后，你可能会认为他主演的所有电影都很棒。你又看了第 4 部，这一部很糟糕。（汉克斯先生，对不住了，这里只是做个假设。我是您的忠实粉丝！）新证据的出现迫使你改变原本的想法。贝叶斯定理此时就能发挥作用，让你的想法变得更理性。该定理能够推导出，**在获得新的数据后，如何调整对原有信念的信任程度**。难怪它会成为数据科学和机器学习的理论基石。

贝叶斯公式比爱因斯坦的 $E=mc^2$ 还要复杂，让人望而却步，而且很难凭直觉理解它。如果你不在意这个公式本身，完全可以跳过接下来的几段，从"好了"开头的那段接着阅读。如果你想知道贝叶斯是如何对抗奇迹论的，那就得和我一起学学数学了。

贝叶斯公式是这样的：

$$P(A|B)=\frac{P(B|A) \times P(A)}{P(B|A) \times P(A)+P(B|\text{not-}A) \times P(\text{not-}A)}$$

这里 $P(A)$ 和 $P(B)$ 代表 A 和 B 发生的概率，比如患乳腺癌和乳房 X 光检查有肿块的概率。$P(\text{not-}A)$ 是 A 没发生的概率，如没有患乳腺癌。因此，$P(B|\text{not-}A)$ 就是指一个人没有患乳腺癌但乳房 X 光检查有肿块的概率（这是有可能的，比如乳腺小叶增生）。我们把乳房 X 光检查有肿块的情况代入公式，即便患乳腺癌的女性乳房 X 光检查有肿块的概率 $P(B|A)$ 非常高，假设为 80%，而没有患乳腺癌的女性乳房 X 光检查有肿块的概率 $P(B|\text{not-}A)$ 很低，假设为 9.6%，那么乳房 X 光检查有肿块的女性患乳腺癌的概率 $P(A|B)$ 只有 0.078，也就是 7.8%。这个概率之所以如此低，是因为乳腺癌在该实验参与者群体中的发病率 $P(A)$ 为 1%。我们将所有数字代入公式，就会得到如下等式。

$$\frac{0.8 \times 0.01}{0.8 \times 0.01+0.096 \times (1-0.01)} \approx 0.078$$

这个概率非常低，所以乳房 X 光检查有肿块的人需要再做别的检查。这也引发了是否应该每年进行乳房 X 光检查的争论。

在 20 世纪 80 年代初的一项研究中，研究人员给参与者（其中有不少是执业医师）提供了上述数据，让他们估算乳房 X 光检查有肿块的女性患乳腺癌的概率。[5] 医生的估算更准确吗？并不是。大部分参与者认为这个概率为 75%～80%，其中包括 100 位医生中的 95 位。这么高的概率意味着乳腺癌的发病率 $P(A)$ 要达到离谱的 30%。也就是说，只有 1/3 的中年女性患乳腺癌，而不是 1%，我们才能说乳房 X 光检查有肿块意味着患者有 80% 的概率患乳腺癌。由于乳腺癌实际发病率很低，所以乳房 X 光检查有肿块的人中只有不到 10% 会患乳腺癌。

最后让我们回到休谟和贝叶斯之间的争论。休谟质疑耶稣复活的真实性，毕竟，除了《圣经》的描述，人类历史上没有人死而复生的记录，而且目睹耶稣被钉在十字架上后复活的人并不多。贝叶斯没有公开发表任何反对休谟的言论，按照现代哲学家和数学家的做法，他可能是运用自己的公式展开辩论的。[6] 如果人们相信耶稣复活的概率 $P(A)$ 很高，那么在有目击证人的条件下，耶稣真的复活的概率 $P(A|B)$ 也会很高，前提是这些证人的证词和乳房 X 光检查一样真实可信。换句话说，耶稣复活的奇迹真实发生的主张并不违反概率论的理性原则。当然，如果有人认为耶稣并非弥赛亚，即 $P(A)$ 很低，那么休谟的观点是正确且理智的。

好了，绕了这么大一圈，就是为了证明对穆斯林的恐惧是不理智的，也是对他们的歧视。"9·11"恐怖袭击的场景历历在目，在我们脑海中挥之不去。因此，一有恐怖主义活动，人们可能就会认为是穆斯林干的。大数定律决定了这个观点本身就是谬论，因为样本量太小，不足以证明大多数甚至所有恐怖袭击是穆斯林所为。更糟糕的是，人们怪罪穆斯林的时候常常搞不清楚条件概率，从"如果有恐怖袭击，即为穆斯林所为"，倒过来推论"如果一个人是穆斯林，这个人就是恐怖分子"。这就像把"如果某物是考拉，那它一定是动物"

等同于"如果某物是动物，那它就是考拉"，十分荒谬。

有人可能会反驳说，就算两者不能画等号，一种动物是考拉的概率也比非动物是考拉的概率高得多。因此，我们可以这样推断：一名穆斯林是恐怖分子的概率高于一名非穆斯林是恐怖分子的概率，所以种族定性在统计学上是合理的，对吧？

截至 2021 年，美国的成年人约为 2 亿，其中 220 万人是穆斯林，占比 1.1%。这里的分析援引美国政府问责局 2017 年的一份报告[7]，该报告提供了"9·11"事件后到 2016 年年底发生的致人死亡的恐怖袭击数量，这是我能找到的最新数据。报告显示，2001 年 9 月 12 日至 2016 年 12 月 31 日，美国发生了 85 起致人死亡的极端暴力事件，其中 23 起（占 27%）为极端穆斯林所为。在这 23 起恐怖袭击中，有 6 起是同一人所为，也就是 2002 年在华盛顿特区环城公路上随机射杀路人的环城公路狙击手，另有 3 起是制造波士顿马拉松爆炸案的兄弟俩所为。那么，在这段时间内，受极端穆斯林影响而制造致人死亡的袭击的恐怖分子总数少于 23 个，从报告的数据来看，应该是 16 个。

在一些读者看来，这一数字让人难以置信，毕竟他们还清楚地记得奥兰多夜店枪击案，以及加利福尼亚州圣贝纳迪诺大规模枪击案的惨状。这些都已经被统计在内。如果你还是觉得没统计全，那就是生动例子的另一个效应，心理学家丹尼尔·卡尼曼和阿莫斯·特沃斯基（Amos Tversky）①称之为"可获得性启发式"，即人们判断事件发生频

---

① 著名行为科学家、心理学家。多年来专注于人类决策领域的研究。其著作《特沃斯基精要》包含他一生撰写的 14 篇精华之作，能够充分体现特沃斯基思想和研究的特点。该书中文简体字版已由湛庐引进、浙江教育出版社出版。——编者注

率的依据是想起这件事的容易程度。

现在我们可以计算美国街头任意一个成年穆斯林是恐怖分子的概率了。以 2021 年的数据为例，穆斯林恐怖分子的数量 16 除以美国穆斯林的总数 220 万，结果是 0.000 007 3，即这个概率为 0.000 73%。即便美国联邦调查局的探员扣押 1 万名成年穆斯林，其中一人是恐怖分子的概率也接近于 0。如果有读者质疑我对发动 23 起致死恐怖袭击的恐怖分子数量的估计，我们可以试着把这个数字增加到 160，概率依然接近于 0。

那些试图为种族定性正名的人对条件概率一无所知。从过去 15 年里在美国发动袭击的恐怖分子中随机选取一个，正好是穆斯林的概率为 27%，也就是 100 个已知恐怖分子里，27 个可能是穆斯林。这个概率很高，但是我们不能据此做出扣押人的决定。我们应该参考的是相反事件的概率，而这个概率接近于 0。

熊熊燃烧的双子塔和本·拉登的面孔已经刻在我们心里，再加上对条件概率的误解，我们产生了荒谬至极的偏见，而这伤害了无辜的人。

充分挖掘具体事例的潜力

统计推理很难，这可以理解，毕竟我们很少接触大量数据或者取样的整个群体。我们很难想象一个人处于巅峰或低谷状态背后的所有不可控因素，这些因素导致了均值回归。直到 16 世纪 60 年代，人类文化中才出现了概率的概念。即便我们接受了本章讨论的 3 个统计学概念，也不可能每次思考的时候都想到它们。我教授这些概念几十年了，仍然常常受到趣闻轶事的过度影响。既然具体事例的影响这么大，那在这一章的最后，我们就了解一下如何充分挖掘具体事例的潜力吧。

人们可能会认为，一旦从某个影响很大的事例中学到了经验，就可以应用到新的情境中。毕竟，学习的意义就在于用知识解决未来遇到的新问题。讽刺的是，通过事例来学习有一个关键前提。为了解释这一点，我们来看看你能否解决如下问题。

假设你是一位医生，你的病人胃部有一个恶性肿瘤。肿瘤的位置决定了无法通过手术切除，但不切除肿瘤，病人就只能等死。一种 X 射线疗法带来了一线希望。如果 X 射线能一下子对准肿瘤，并且强度足够大，就可以消灭肿瘤。遗憾的是，健康组织接触到高强度的射线后也会受损。低强度的射线对健康组织无害，但也无法消灭肿瘤。你会用哪种方式消灭肿瘤，同时不让健康组织受损？

如果你不知道怎么办，也不用担心。这是个难题，不是智力测试。我给个提示，想想我之前举的例子——本章开头那位将军攻打独裁者的城堡的故事。答案呼之欲出，即从不同角度射出 X 射线，最后汇聚到肿瘤上。

一项研究让密歇根大学的学生尝试解决上述难题[8]，这些学生自然是非常聪明的。学生们首先读到 3 个故事，其中一个就是将军攻打城堡。为了确保参与者仔细阅读了这些故事，他们要凭记忆进行总结。仅仅 4 分钟后，学生们就要想办法解决上述问题，只有 20% 的参与者想到了解决方法。10 个聪明学生中有 8 个无法记住并应用几分钟前读过且总结过的故事。各位阅读这一章的时间肯定超过了 4 分钟，所以无法将开头的故事和上述难题联系起来也很正常。

假如参与者得到明确暗示，借助之前读到的故事来解决难题，几乎所有人都能想出解决方案。这意味着，难点不在于将已知的方法应用于新问题，而在于自发地从记忆中检索方法。教师向学生解释一种方法之后，仅仅过去 4 分钟，假如没有明确提醒，学生就无法将这种方法应用于新问题。这可不是个好消息。

本章不是在讲事例的巨大影响吗？如果是这样，学生们怎么会无法从事例中汲取经验呢？这并不矛盾。事例的影响力很大，大到人们往往只记得无关的细节，比如故事中有位将军、有座城堡，却忘记了故事背后抽象的汇聚原则。

发现这一问题之后，研究人员尝试各种方法帮助学生主动复习从事例中学到的基本原则。最有效的方法是用不同的故事来说明同一个原则。比如，你刚通过将军攻打城堡和医生治疗肿瘤的故事学到了汇聚原则，面对下一个需要用汇聚原则来解决的问题，你就更有可能借鉴之前的事例。

换句话说，**若想通过讲故事说明一个道理，想让自己的观点更容易被人记住，就要将其融入不同的故事，还要把这些故事讲出来**。我们之前谈到过耶稣，他就是个故事大王，而且似乎掌握了这种技巧。为了让大家知道上帝张开双臂欢迎堕落的灵魂，耶稣讲了迷途羔羊的寓言:即便 99 只羊都回来了,找到迷路的那只羊还是让牧羊人欣喜不已。接着,他又讲了一个寓言:一个女人到处寻找丢失的一枚银币,尽管手里还有 9 枚银币,找到丢失的那枚仍然令她非常开心。

你或许已经注意到,我举了至少两个例子来阐释同一理念。希望下次看到一群孩子踢足球或者收到募捐信的时候,你能自动想起大数定律;在药店杂志区看到《体育画报》,或者经历了一次美好到不真实的初次约会或见面时,你能想到均值回归;听到恐怖主义,或者见到一种不是考拉的动物,或许能让你想到 $P(A \mid B)$ 不等同于 $P(B \mid A)$。

**心理学
第一课**

1. 生动的事例是传递信息、说服他人的好方法。

2. 若想通过讲故事说明一个道理，让自己的观点更容易被别人记住，就要将其融入不同的故事，并把这些故事生动地讲出来。

THINKING
101

How to Reason
Better to Live Better

第 5 章

为什么购物网站的商家都
害怕被消费者打差评

我有一次花了好长时间选新手机壳。我那时用的手机壳上面有史努比的图案，这对一位教授来说过于可爱了。我逛了一家又一家的网店。你还记得第 2 章提到的，能够判断你在追寻可能性时，是倾向于尽最大努力还是满意即可的测试吗？我的测试结果是倾向于尽最大努力追寻各种可能性。买东西的时候，我一定得找到最完美的那个才罢休。最后，我找到了一个看上去很不错的手机壳。我喜欢网站上这个手机壳的产品图片，买家的评论也不错，平均评分是四星（满分五星）。

接着，我开始仔细看买家评论。前 4 个买家都给了五星："我太喜欢它了！材质好，样子也好看！""我男朋友很喜欢这个手机壳，不仅结实，还好拿！""质量特别好……各个方面都完美……美极了！""造型流畅，用了 4 周，一切都好！"

随后，我看到一个一星评价："外形特别好看，但是不结实，单手拿着不舒服，用了不到一周就破了。"之前看到的 4 个五星好评也无法消除这个差评留给我的坏印象。最让我受不了的是，这个买家说手机壳不到一周就破了，尽管前面有个好评特别提到这个手机壳用了 4 周仍然结实好用。结果，原来那个史努比手机壳我又用了一年。

人们为什么更看重负面信息

即便你不是我这种尽最大努力的完美主义者，也会受到负面信息的过度影响。研究人员研究了正面评价和负面评价对摄像机、电视机和电子游戏等数码产品销售的影响。[1] 他们在亚马逊网站上选取了 2007 年 8 月到 2008 年 4 月网站推介的 300 多种产品，记录它们的销售排名、好评（四星或五星评价）与差评（一星或两星评价），并研究排名与评价之间的关系。结果表明，差评率与销售排名呈负相关，好评率与销售排名呈正相关，这符合我们的预判。然而，更重要的是，研究人员还比较了两种评级的权重，发现差评率对销售排名的影响比好评率大得多。

众多心理学研究表明，人们更看重负面信息而非正面信息，无论是挑选商品还是看人，都是如此。 假设有个叫约翰的人，你只见过他两次。你第一次见约翰的时候，他和朋友在餐厅吃饭。他看起来不是特别友善，也不怎么活泼，不过好像不难相处。第二次，你站在餐厅的室外餐桌旁，桌边的墙上贴了一张"拯救本地企业"的宣传海报。约翰从旁边经过，有位女士请他签名支持这个活动，他根本没有停下脚步，看都没看她一眼。你可能会认为，第一次偏正面的行为和第二次偏负面的行为会相互抵消，所以约翰留给你的是偏中性的印象。然而，实际上人们更看重负面行为[2]，所以你对约翰的总体印象可能不是中性的，而是偏负面的。

消极事件对人们生活的影响也大过积极事件。[3] 性虐待等童年创伤带来的伤害会持续一生，引起抑郁、性功能障碍等问题，还致使受害者无法建立正常的人际关系。即使开心的事情比糟糕的事情多得多，受伤害的经历也很难被童年的其他好事抵消。

负面偏差对我们的影响非常大，我们甚至会因此做出极不理智的决定。比如，我们不会接受一个只知道缺点的选项，但如果从正面描述这个选项，我们就会欣然接受。因此，我们会选择准点率 88% 的航班，而不是延误率 12% 的航班。我们会认为有效避孕率 95% 的避孕套比有 5% 的概率失效的避孕套要好。我们宁愿在通货膨胀率为12% 的情况下加薪 5%，也不愿在通货膨胀率为零时减薪 7%。

在这方面的研究里，我最喜欢的是一项对牛肉饼的研究。肥肉占25% 的牛肉饼听起来很糟糕，它清楚地告诉你，眼前的牛肉饼里有1/4 是脂肪。75% 是瘦肉和 25% 是肥肉在本质上没有什么不同，但前者听起来更健康、更好。

我们可能会认为，如果有商家设置这样的消费陷阱，自己不会上当，不会觉得两种牛肉饼有差别。然而，事实正好相反。研究人员把牛肉饼煎熟，让参与者品尝。[4] 他们没有说明牛肉是全熟还是半熟，是加了盐还是加了胡椒，只告诉参与者一个关键信息，即每个人吃到嘴里的是用同样的方式烹调的同一种牛肉，唯一的区别是牛肉上的标签：一半的参与者得知自己吃的是"75% 瘦肉"的牛肉饼，另一半参与者则吃的是"25% 肥肉"的牛肉饼。这就使结果完全不同。品尝到"75% 瘦肉"的牛肉饼的参与者觉得吃到嘴里的汉堡不油腻、有嚼劲，味道和口感都很好，而品尝"25% 肥肉"的那组则评价很差。

谁的成绩更好，是既得 A 又得 C 的，还是全得 B 的

我对大学录取过程中的负面偏差产生了兴趣，于是着手研究。[5]在研究开始时，我女儿刚好准备申请大学。我是在韩国上的大学，不清楚美国学生申请大学的流程，所以我买了 3 本有关申请大学的书来研究。这 3 本书除了介绍招生过程的每个步骤之外，还强调了一点，即学生要表现出对某一领域的热爱和激情，其中一本书称之为"记忆点"。

当我站在学校的角度参与招生的时候，我注意到学校对这种热爱和激情很重视。耶鲁大学的招生委员会会议由能力和专业兼备的招生官主持，还会邀请一两位教授参加。在耶鲁大学工作这么多年，我参加过几次这样的会议，参会前还要接受培训。我在培训时读到了耶鲁大学招生政策的正式版，这是 1967 年，由时任耶鲁大学校长的小金曼·布鲁斯特（Kingman Brewster Jr.）制定的政策，并沿用至今。该政策称："我们希望耶鲁大学的毕业生都能在自己从事的领域出类拔萃。他们或许投身于指导国家事务或公共生活的艺术与科学研究，也可能投身于某个行业以努力改善民生……申请者要拥有在自己最终选择的领域中成为领袖的潜质。"换句话说，有望进入耶鲁大学的学生不必在所有方面都完美无缺，他们想做什么都可以，但是一定要在某个领域做到最好。事实上，我购买的 3 本大学申请指南都明确地指出了这一点，不只是耶鲁一所大学秉持这一理念。《华盛顿邮报》的一篇文章做了很好的总结："大学希望学生投身某一领域且有所建树。他们最常用的一个词是激情。"《美国新闻与世界报道》（*U. S. News & World Report*）的一篇文章也表达了类似的观点，并将激情列为增加大学录取机会的第一要素。

在我看来，这种对激情的重视似乎与我们刚才讨论的由来已久的心理学现象相冲突，即负面信息对人的影响往往比正面信息要大。这种心理倾向可以用一个简单的例子来说明。假设一所高中有卡尔和鲍勃两名毕业生，他们即将进入大学。卡尔有几门课得了 A 或 A+，其他科目则是 C 或 C−，这说明他对某些科目更有热情和激情。鲍勃的成绩更均衡，所有科目都是 B、B+ 或 B−，没有科目得 C 或 A。假定两人的平均绩点一样，如果你是大学招生官，录取依据只有两人的成绩单，你会选择哪个学生？

如果热爱和激情是录取的关键，那么招生官会选择卡尔。然而，人们往往更看重负面信息。假如负面信息决定录取结果，卡尔在化学课上得 A 的优势可能无法抵消在英语课上得 C 的负面影响，因此鲍勃更有可能被录取。为了搞清楚负面偏差在与既定标准相冲突的情况下会产生什么影响，我决定开展一项实验。

首先，我们编造了卡尔和鲍勃两人的成绩单。为了避免对科目的认知偏差，我们编造了多个不同的成绩单，这样两人得 A 和 C 的科目都不同。其次，我们招募参与者，让他们选择录取哪个学生。一些参与者是从线上招募的，另一些则是刚被录取的大一新生。最后，我们要确保这些参与者来自美国的不同大学。在得分差距大和得分均衡的学生中选一个录取，大部分参与者都选择了后者，也就是既没有得 A 也没有得 C 的那一个。具体来说，近 80% 的"招生官"偏好各科分数更均衡的那个学生。

参与者还认为，相比于同时得 A 和 C 的学生，各科分数接近的学生在大学的平均绩点会更高，学习会更刻苦，更负责任，更自制。他们还预测，各科分数接近的学生比分数差距大的学生更有可能掌管大中型企业，或成为政府官员、律师、医生或工程师，年收入也更高，尽管两人的平均绩点一样，尽管大学都声称看重学生的热爱和激情。

为了确保实验结果可复制，我们尝试了不同版本的成绩单。竞争激烈的大学更强调热爱和激情这一录取标准，对申请者的平均绩点的要求比实验设置的还要高。因此，我们又做了一次实验，这次的"招生官"都来自名牌大学。两个虚构的学生成绩都很好，平均绩点都是 4.0（满分 4.3）。各科分数均衡的学生这次的得分大多是 A，除了一个 A+ 和一个 A-，也就是说，A+ 不多，最差也是 A-。各科分数差距大的学生有 8 门课得了 A+，不过他还得了 3 个 B+。这一次，负面偏差又发挥了决定性作用。"招生官"更偏向都得 A 且没得 B 的学生，而不是那个得了 8 个 A+ 却也得了 B+ 的学生。

在继续讨论之前，我得做个重要的免责声明。学生们还是要加倍努力学习自己喜欢的科目，尽情释放自己对这些学科的激情。得分有高低的学生也不必气馁，大部分这样的学生都能被心仪的学校录取。毕竟，大学在招生的时候不仅要看平均绩点，还要考虑推荐信、课外活动表现和自荐信等信息。

损失厌恶的影响

既然负面偏差会影响不同类型的判断，那么它对涉及金钱的决策的影响也就在意料之中了。不过，负面偏差发挥作用的具体方式并没有那么容易把握。

20 世纪 70 年代，行为经济学这个新的研究领域备受关注。行为经济学可以说是心理学和经济学的交叉学科，主要研究人类做出的那些与经济学的理性原则相悖的判断和选择。行为经济学揭示了许

> 🔵 Thinking 101
>
> **损失厌恶**：人们面对同样数量的收益和损失时，认为损失更加令他们难以忍受。这反映了人们的风险态度并不是一致的，当涉及的是收益时，人们表现为风险厌恶；当涉及的是损失时，人们则表现为风险偏好。

多认知偏差和思维陷阱，人类行为基于逻辑选择这一经济学基本前提受到巨大挑战。（你们可能看过标题为《61 种搞砸所有事情的认知偏差》或者《认知偏差小抄：因为思考太难了》的文章和帖子。）

1979 年，丹尼尔·卡尼曼和阿莫斯·特沃斯基发表了行为经济学领域举足轻重的一篇文章，标题是《前景理论：风险决策分析》。[6] 这篇文章的影响力有多大呢？我们来看看学术界看重的一个影响力指数，即一篇文章被其他已发表文章引用的次数。截至 2021 年，这篇文章被引用的次数已经超过 7 万。这个数字高得离谱，相比之下，史蒂芬·霍金于 1973 年发表的关于黑洞的论文被引用的次数只有它的 1/5。

特沃斯基和卡尼曼提出了一个革命性观点：对于同一金钱数额，人们的看法会因为它是收益还是损失而改变。这引出了著名的损失厌恶概念。很多读者可能听说过这个术语，我在大众媒体上看到许多对它的错误解读，最常见的就是将它理解成人们偏好收益、厌恶损失。卡尼曼可不是因为这个显而易见的现象获得诺贝尔奖的！另一种误解是将损失厌恶和风险厌恶混为一谈，虽然两者确实有关系，但本质并不同，我们会在第 8 章详细论述这一点。现在，我们先来了解一下损

失厌恶这个概念。

传统经济学认为，无论是得到还是失去 100 美元，其价值不变。这个观点看似没有逻辑缺陷，因为都是 100 美元。如果你烘干衣服后在烘干机里发现了 100 美元，你会觉得很开心，用积极-消极情绪量表来测量你的情绪，情绪数值增加了 37。那么口袋里掉了 100 美元，情绪数值就应该减少 37。然而，卡尼曼和特沃斯基指出，丢失 100 美元和得到 100 美元，我们的感受是不一样的。我举个例子来说明这一点。

我邀请你玩一个简单的游戏。我抛出一枚硬币，如果落下时花朝上，我给你 100 美元；如果字朝上，你给我 100 美元。你会玩吗？没人愿意。

现在，我们让游戏更有吸引力。如果字朝上，你给我 100 美元；如果花朝上，我给你 130 美元。我们可以来算一下这个赌局的期望值，这样听起来更专业。你损失 100 美元的概率是 50%，得到 130 美元的概率也是 50%，所以期望值是 $0.5 \times (-100) + 0.5 \times 130 = 15$ 美元。也就是说，如果你不断重复地玩这个游戏，输赢都有，最终能获得的回报均值是 15 美元。这比一无所获强，所以像数学家、统计学家或经济学家那样理智的人一琢磨，会选择玩这个游戏（假设他们想赢钱）。然而，这一次也没有几个人愿意玩。我也不愿意玩。130 美元当然不是小数目，但要是我因为抛硬币而失去 100 美元，那可就太惨了，比停车超时 5 分钟就收到罚单还惨。因此，我会和大多数人一样，放弃这个赢得 15 美元的机会。

只有赢输比至少达到 2.5∶1（花朝上赢 250 美元，字朝上输 100

美元）时，大多数人才愿意参与游戏。这就是损失厌恶。损失带来的影响比收益大得多。相比于积极的影响，人们更看重消极的影响。

现在，我们把这个例子换成真实的投资，假设亚历克斯有一个机会投资 10 000 美元。假定只有两种可能的结果：一年后这 10 000 美元有 50% 的概率增至 30 000 美元，一年获益 20 000 美元；一年后有 50% 的概率损失这 10 000 美元！这无异于晴天霹雳。最终，亚历克斯拒绝了这个机会，尽管投资的期望值相当可观，0.5×20 000 + 0.5×（−10 000）=5 000，就是 5 000 美元的收益。这样计算期望值，我们好像就能轻易摆脱损失厌恶的不利影响。然而，接下来我们将看到，损失厌恶还会带来不易察觉的影响。

假设你想卖掉旧车，买辆新车，花了一个月的时间挑选，最终选定了品牌和型号，然后约见经销商。你和丈夫商定车的颜色是星空银，座位选用烟灰色真皮。你觉得这样就可以下订单了。销售人员却开始让你选各种配置，比如自动防眩目后视镜、盲点监测系统、自动避险等。销售人员说，基本款售价 25 000 美元，增加 X 功能要加 1 500 美元，增加 Y 功能要加 500 美元……每介绍一项功能，他都会说这项功能会让你的生活变得更美好、更安全，也就是能让你获益。

另一个销售人员的销售策略更高明，她反其道而行之。她先介绍售价 30 000 美元的顶级配置，然后说，如果不需要能救命的 X 功能，售价降至 28 500 美元；如果不需要便于侧方位停车的 Y 功能，售价就是 28 000 美元。这个销售人员从损失功能的角度介绍车子，触发了你的损失厌恶机制。

这有用吗？20 世纪 90 年代的一项研究让参与者想象自己身处上述情境。[7]一部分参与者先了解售价 12 000 美元（那时候汽车的价格比现在低得多）的基本配置，接着增加功能（从获益角度搭建框架，或者叫正面框架），他们购买的汽车均价是 13 651.43 美元。反之，另一组参与者先接触售价 15 000 美元的顶级配置，接着去除不想要的功能（即负面框架），他们最终购买的汽车均价是 14 470.63 美元，比正面框架下的参与者多花大约 800 美元。如果我们将其转换为当下的汽车价格，也就是 25 000 美元，以负面框架呈现价格会让人多花约 1 700 美元。

我引用的大部分研究都发生在实验室里，这些决定或判断都是基于假想情境，怀疑主义经济学家会指出这些研究结果在日常生活中无法复制，毕竟风险是真实存在的，以此为人类行为的理性模式辩护。有趣的是，一些持此种观点的研究者在真实环境中展开他们所谓的田野实验[8]，芝加哥以南约 50 千米的芝加哥高地的市区中小学被选为实验地点。这一次就不是假想中的场景和假设的金额，而是真金白银，即教师的薪水。

你可能听说过教师激励计划，如果学生在标准化测试中表现优异，教师就会获得奖金。最常见的奖励方法是年末学生考完试后给教师发奖金。在芝加哥高地展开的这项研究中，一些随机选取的教师进入"收益"情境，即采用传统奖励方式，根据学生的进步情况领取年终奖。根据研究人员提前设定的奖金比例，奖金期望值为 4 000 美元。

另一组随机选取的教师会在年初收到 4 000 美元奖金。这组进入"损失"情境，即如果学生年末的成绩低于平均值，教师得到的奖金将低于 4 000 美元，差额要退回。

研究人员要确保，无论身处正面框架还是负面框架，参与研究的教师根据给定学生成绩水平获得的净收入是一样的。研究人员要衡量，奖金发放时间的不同是否会对教师产生不同的激励效果，是否会对学生成绩产生不同的影响。也就是说，哪一种老师能提升学生的成绩，是想要赢得奖金的老师，还是不想失去奖金的老师？或者两种都可以，还是两种都不行？

在正面框架下，激励计划基本上没有效果。此类激励计划的失败不是第一次了，在纽约开展的一项研究也得到这样的结果。年末奖金不足以激励教师，至少这项研究设置的奖金额度无法激励教师。

相反，在负面框架下，学生的分数提高了足足 10 个百分点。看来，不想放弃到手的奖金对教师是强有力的激励。然而，两种框架唯一的区别就是奖金发放时间。

尽管这些结果令人印象深刻，我们还要等着看这项研究能否使公共政策发生变化，以及这样做是否恰当，因为在负面框架下的教师受到激励后，可能只会"教授考试内容"，或者投机取巧。不过，往小了说，我们可以想办法利用这一机制激励其他人和鞭策自己。

有一年夏天，我付费让儿子给家里的露台刷上油漆。对刚毕业的高中生来说，我承诺的报酬是个不小的数目，他欣然接受了。然而夏天过去了，他只是订购了刷子、辊子、辊盘和高压清洗机。意识到他在上大学之前不会动手后，我只能在炎热的夏末自己给露台刷油漆，同时心想，为什么没有在一开始给他现金，然后告诉他，如果刷油漆任务没完成就要把钱还给我。

我没有这么做，可能是因为给了别人钱之后再要回来不礼貌，甚至有些残忍。我不可能先给理发师小费，理完发后对发型不满意再把小费要回来。想想芝加哥高地的公立学校里那些处于负面框架的教师，只要学生的考试成绩不理想，他们就会倍感压力。他们会时刻担心自己要退回奖金。教师本就挣得不多，所以那 4 000 美元奖金很可能被用来支付生活开销或购买必需品。这正是令人感到讽刺的地方：同样的 4 000 美元，有可能失去这份奖金比未曾拥有更让人难以接受。

禀赋效应的影响

> ● Thinking 101
>
> **禀赋效应**：卖家认为物品的价值比买家的出价要高。

损失厌恶还能解释为什么买卖双方讨价还价时很难就物品价格达成一致。假设安妮想买一辆二手动感单车，她找到一辆 3 年前买的、原价 300 美元的动感单车。安妮觉得这辆动感单车只值 100 美元，虽然看上去是崭新的，但毕竟是 3 年前买的了。动感单车的主人珍妮则认为应该卖 200 美元，因为她根本没怎么用过。在二手物品的交易过程中，这种情况屡见不鲜，卖家总是认为物品的价值比买家的出价要高。这一现象在行为经济学中被称为"禀赋效应"。

定价差异的出现可能只是因为卖家想多卖钱，而买家想少花钱。

也有可能是因为卖家对物品有了感情。除去上述因素，禀赋效应的出现可能只是因为无论拥有的时间多么短暂，我们都会本能地想避免失去拥有的东西。具体地说，这就是损失厌恶。禀赋效应是即刻产生的，甚至在卖家对物品产生感情之前就存在，下面这个巧妙的实验就揭示了这一点。

在实验中，本科生要在印有自己学校标志的马克杯和瑞士巧克力棒之间做出选择。[9] 大约一半的学生选择了马克杯，另一半则选择了巧克力棒。这是在确立基准线，以确定多大比例的本科生会选择其中一样而非另一样。接着，来自同一所大学的另一组学生也要在马克杯和巧克力棒之间做出选择。不过，这一次的流程略有不同。学生们首先拿到马克杯，然后得知可以留下它，接着研究人员问他们是否愿意用马克杯换巧克力棒，这在本质上和问他们想要马克杯还是巧克力棒没有区别。按照基准线，大约一半的学生会愿意交换。结果却显示，只有 11% 的学生愿意用马克杯换巧克力棒。

为了确保一开始给马克杯对实验结果没有影响，第三组学生先拿到巧克力棒，然后回答是否愿意用巧克力棒换马克杯。结果没什么差别。即便应该会有大约一半的学生愿意用巧克力棒换马克杯，但实际上只有 10% 的学生愿意这么做，90% 的学生更愿意留下巧克力棒。

这个实验的关键之处在于，拿到马克杯或巧克力棒的学生没有时间对它产生情感上的依恋。他们也不想从中获利，而且马克杯和巧克力棒即便再次出售，价格也不高。然而，他们一旦拥有了马克杯，交换就意味着失去这个杯子，换作巧克力棒亦然。人们本能地厌恶失去自己拥有的东西，即便只是短暂拥有它。

奇怪的是，一项研究显示，损失真的会带来生理上的不适。[10] 参与者首先服用 1 000 毫克对乙酰氨基酚（泰诺的一种成分）或安慰剂，然后在 30 分钟内填写一份与实验无关的调查表，这段时间足以让对乙酰氨基酚起作用。接着，一半参与者拿到马克杯，并被告知杯子是他们的（禀赋条件），另一半参与者拿到马克杯后则被告知杯子属于实验室（非禀赋条件）。最后，所有参与者给自己手里的马克杯确定售价。那些服用了安慰剂的参与者展现出禀赋效应，禀赋条件下他们给出的售价比非禀赋条件下高得多。那些服用了对乙酰氨基酚的参与者表现不同，无论是否拥有马克杯，他们给出的售价都不变。泰诺完全可以幽默地在药品副作用中加上一条："对乙酰氨基酚可能会让你无视损失，用远低于正常售价的价格出售自己的东西。"或者在美国食品药品监督管理局的许可下，泰诺可以打出这样的广告："无法放弃一个三心二意的伴侣？我们可以帮你"或"想快速卖掉你的房子？来片泰诺"。

为什么会有负面偏差

与许多认知偏差一样，负面偏差之所以会出现在人们身上，是因为它从过去到现在都很有用。一些科学家认为，在人类历史早期，负面偏差有其存在的必要性，那时我们的祖先挣扎在生死线上，损失可能就意味着死亡，所以他们必须优先防止潜在损失。当不能有任何闪失的时候，额外的收益就变成一种奢侈品。这就像在高速公路上开车，仪表盘上显示油箱快空了，提示"燃油用尽"的红灯已经亮了 15 分钟，而距离下个高速出口还有 16 千米。在这种情况下，即便外面很热，你也不会介意关掉空调，因为你不能浪费哪怕一滴汽油。

现在生活条件好了，对大多数人来说，不是每次损失都直接威胁生命。然而，**负面偏差依然有用，它会把我们的注意力吸引到需要处理的事情上**。我们不需要时刻关注进展顺利的事情。比如，我们通常不会意识到自己在呼吸或行走，这些活动似乎是理所当然进行的。这是好事，因为我们不应该浪费精力去过度关注不费吹灰之力就能完成的事情。当呼吸不畅、行走困难的时候，我们就要有所行动了。无法呼吸或行走是一个强大的激励因子。同样，当我们即将失去某物的时候，注意力就应该集中在它身上。一门课得 C 或 D 不仅关乎分数，还表明学生要在功课上更用心。父母身上有一种固有的负面偏差，他们总会回应孩子发出的负面信号，比如哭泣、排泄物的颜色或气味异常。父母之所以夜不能寐，不是因为孩子可爱的笑脸或软嫩的皮肤，而是因为他们的啼哭或呕吐。这是人们为了养育后代而进化出来的负面偏差。

从正面思考问题，对抗负面偏差

即便负面偏差在过去对人类有意义，如今在某些情境下仍然如此，但过于极端的负面偏差还是会带来伤害。例如，如果父母在孩子进入青春期后还时刻担心他是否做完了作业，脸是否受伤了，平时是否缺乏锻炼，这就埋下了孩子叛逆的种子。这些偏差可能根深蒂固，仅仅意识到它们的存在并不能帮助我们避开危害巨大的偏差陷阱。当然，我们也不是无计可施，还是有办法对抗负面偏差的。这里提供两种可行策略，一种针对损失厌恶导致的错误选择，另一种针对禀赋效应。

负面偏差最明显的危害是导致我们做出错误选择。我们可能仅仅因为几十条好评后面有几条差评，就错过了可能改变人生的一本书。我们还可能因为太担心损失一些钱，而错失了一次期望值颇为可观的投资机会。

在类似的情况下，一个有效的方法是运用另一种被称为"框架效应"的认知偏差。我们的偏好和选择是基于选项的描述方式而非选项本身。本章已经讲过有关框架效应的一些事例。我们会搭乘准点率88%的航班，而不是延误率12%的航班。有些销售人员会先给顾客介绍顶级配置的车型，然后去掉某些功能。另外一些销售人员则从基本配置开始介绍，一点点增加功能。消费者更偏好前者。

● Thinking 101

框架效应：由呈现方式不同而导致的决策上的不同。

框架效应的影响很大，有时关乎生死。[11] 当肺癌患者得知做手术有 90% 的生存概率时，超过 80% 的患者会选择做手术。当得知有 10% 的死亡概率时，只有一半的患者选择做手术。显然，医生应该向患者描述好坏两方面，避免正面偏差或负面偏差影响患者的决定。

把框架效应再延伸一点，我们还可以重新表述问自己的问题。[12] 在一项相关研究中，参与者要阅读一份正欲离婚的夫妻 A 和 B 争夺孩子监护权的材料。参与者了解到夫妻二人与监护权有关的一些信息，如表 5-1 所示。A 各方面条件很平均，算不上很好，也算不上很差。相反，B 既有"收入超过平均水平"等有利条件，也有"工作需要经常出差"等不利条件。

表 5-1　A 和 B 的相关信息

A	B
收入一般	收入超过平均水平
与孩子相处融洽	与孩子关系亲近
社交生活相对稳定	社交活跃
工作时间正常	工作需要经常出差
身体状况正常	身体有些小毛病

一组参与者要回答，他们不会给哪个人监护权。大部分人会选B。这说得通，毕竟 B 经常出差，身体状况也不好，尽管这些不是大问题。参与者可能会想，B 频繁参加社交活动对孩子也不好。

另一组参与者要回答同样的问题，不过问法不同：你们会把监护权给哪个人？这组人大多选 B。这也说得通，毕竟 B 和孩子关系很好，收入也高。这两组参与者的选择说明，B 与 A 相比既有好的地方，也有不好的地方。

人们在寻找不给某人监护权的理由时更看重不利条件，忽略有利条件。决定给某人监护权时，人们会看重有利条件，忽视不利条件。你还记得我们在第 2 章中讨论的证实性偏差吗？"我开心吗"和"我不开心吗"这两个问题带来了不同的结果，正是负面偏差发挥了作用。因此，**当负面因素给你带来极大困扰的时候，你可以从正面描述问题，别问自己不选哪个，要问自己选择哪个，以此达到平衡。**

现在我们来讨论如何避免禀赋效应的影响。拥有某件东西会让我们对它的估值大于其实际价值，从而做出错误选择。商家会利用这一点设计营销策略，让我们中计，最常见的就是免费试用会员。我们知道只有 30 天的免费试用期，还会在日历上标注到期日提醒自己注销会员，这样好像就没问题了。然而，禀赋效应让我们觉得已经拥有的会员身份特别有吸引力，突然间，原本不想要的东西也变得难以舍弃。

我家购买"迪士尼+"会员只是为了看电影版的百老汇音乐剧《汉密尔顿》。尽管迪士尼没有免费试用，但每月的会员费只要 6.99 美元，《汉密尔顿》完全值得这个价格。我想着，看完再取消会员呗。看了 3 遍《汉密尔顿》之后，我们开始慢慢为保留会员找理由。说不定我们会想再看一遍《星球大战》或者《冰雪奇缘》……星巴克的一个司康加超大杯拿铁都不止 6.99 美元。

另一个利用禀赋效应的销售策略是免费退货政策。如果不喜欢这个东西可以退货，知道了这一点，我们就更愿意冒险下单。一旦收到商品，尤其是试用之后，突然间要把它重新打包，并联系快递寄走，让人压力倍增。即便不是特别喜欢这个东西，我们也会说："嗯，我还是有点喜欢的，总有能用得上的时候。"这个免费退货的政策就达到目的了。

再来看看我们的衣柜。我们的衣柜之所以总是乱七八糟，主要是禀赋效应和损失厌恶造成的。丢掉超过 3 年没穿的衣服就像告别一位老友。我们也许还记得自己买这些衣服花了多少钱。更糟糕的是，某些衣服正是老朋友送的。若想留住这些衣服，借口可真不少。我丈夫有 6 条破裤子和 3 双旧鞋子，等着打理花园的时候穿，而他一年只能抽出几个周末搞园艺。20 世纪 90 年代，我在商场打折区用打 1.5 折的价格买到一件阿玛尼宽肩外套，现在也舍不得丢；我怀孕前穿的几条铅笔裙也还留着。

后来，我读了近藤麻理惠的那本畅销书《怦然心动的人生整理魔法》。她是专业整理师，而不是心理学家，但没有人比她更了解损失厌恶。为了克服对损失的恐惧，她要我们把所有东西都拿出来，衣架上的衣服、抽屉里的零碎物品、鞋架上的鞋子通通丢在地板上。我们把它们拿出来，就不再拥有它们。不再产生禀赋效应，也没什么好失去的。因此，我们的决定变成选择留下哪些物品，负面框架变成正面框架。我们得以从物品的价值来评价它，而不用害怕失去它。我用近藤麻理惠的方法整理衣柜，假装从那一堆衣物中挑选一件购买，做决定就简单多了。我绝不会再买小一号的短裙，也不会再买宽肩外套，即使这种风格可能在 10 年后又开始流行。

那免费试用会员和免费退货呢？在看了 3 遍《汉密尔顿》后，我问自己，假如要重新购买视频网站会员，我是否会选择"迪士尼 +"会员。我在网上订购的那件连衣裙在屏幕上看是粉红色，实际上是紫红色，现在我假装要买这件连衣裙。结果，我取消了"迪士尼 +"会员，也把那条裙子退货了。

心理学
第一课

1. 众多心理学研究表明，人们往往更看重负面信息而非正面信息，消极事件对人们生活的影响也大过积极事件。

2. 负面偏差也是有用的，它会把我们的注意力吸引到需要处理的事情上。

3. 当负面信息带来极大困扰的时候，你可以试着从正面描述问题：别问自己不选哪个，要问自己选哪个。

THINKING
101

How to Reason
Better to Live Better

第 6 章

交通信号灯里的黄灯是
黄色的吗

1999 年，我怀了女儿，认真细致地为她的出生做准备。预产期是 6 月初，5 月我已经备好所有必需品，包括 1 个车载提篮、2 辆婴儿车、8 条包被、15 条口水巾、10 包尿布和 10 件连体衣。接着，我开始准备那些看上去没那么迫切需要的物品，有《晚安，月亮》（*Goodnight Moon*）和《好饿的毛毛虫》（*The Very Hungry Caterpillar*）等经典绘本（我觉得早教有用），还有夜灯。但是看到《自然》上刊登的一项研究后，我开始重新考虑要不要买夜灯。

该研究称，相比于在黑暗的环境中睡觉的婴儿，开着夜灯睡觉的婴儿长大后近视的概率高出 5 倍。[1]这在媒体上引起了广泛关注。美国有线电视新闻网总结道："即便是低强度的光线也能穿透熟睡婴儿的眼皮，让眼睛在应该休息的时候继续工作。婴儿时期眼睛发育快，此时着手预防或可避免以后的视觉发育问题。"[2]于是我把夜灯从越来越长的待产清单上删掉了。

一年后，《自然》上刊登了另一篇文章，完全推翻了之前那项研究。[3]新的研究发现，夜灯和近视之间的关系取决于父母的视力，在遗传因素的作用下，近视父母的孩子长大后更容易近视。美国有线电视新闻网及时发布了一篇更正报道，标题为《别关夜灯：研究表明夜灯不会损害孩子的视力》。[4]这就是相关性不等于因果关系的有力证明。不过，我要论述的不是这一点，且听我慢慢道来。

2001 年，在夜灯与近视之间的关系被推翻一年后，我怀了儿子。那时我已经知道夜灯对视力无害，那我这个重度近视的人会在他的房间里安装夜灯吗？答案是绝对不会。哪怕孩子宝贵的眼睛受到伤害的可能性极小，我也不会安装夜灯，宁愿自己冒着在黑暗中膝盖撞上衣柜角或者脚趾头踢到垃圾桶的风险。（我自己撞得青一块紫一块，可两个孩子还是戴上了眼镜。）

作为一名认知心理学家，我对自己抗拒安装夜灯的现象产生了兴趣，甚至给它起了个名字，叫"因果印刻"。它的具体产生过程如下。

我们处于第一阶段时，观察到 A 和 B 之间存在关联。如表 6-1 所示，A 出现的时候，B 也会出现；没有 A 的时候，B 也不存在。基于这个观察结果，在第二阶段，我们推断 A 引发 B，就像夜灯导致近视一样。关键是第三阶段，此时我们得知存在第三个因素 C，还发现只要 A 和 B 同时出现，C 一定存在，而没有 C 的时候，A 和 B 就不会同时出现。基于这个观察结果，最可靠的因果推测是 C 引发了 A 和 B，而 A 不会引发 B。我们在第一阶段对 A 和 B 关系的观察并不可靠，因为那时不知道存在因素 C。然而，一旦 A 引发 B 这个因果关系印刻在脑子里，即便知道 C 的存在，即便没有证据表明在 C 不存在的情况下 A 会引发 B，我们仍旧会把第三阶段的因果模式理解为 A 引发 B。

表 6-1　因果印刻的产生过程

第一阶段：观察	第二阶段：推断	第三阶段：观察	第四阶段：推断	第五阶段：答案
A···B	A→B	A···B 　C	A→B 　C	A　B 　C
并且		并且		
没有 A···没有 B		没有 A···没有 B 没有 C		

　　我和我当时的博士后研究员埃里克·泰勒（Eric Taylor）一起开展了一系列研究，结果表明，从第三阶段加入的参与者（同时观察到 A、B、C 三者之间的关系）很轻松就推出正确的因果关系，即 C 引发 A 和 B，且 A 不会引发 B。看来，共因结构不难理解。

　　然而，就像我理解夜灯和近视之间的关系一样，如果参与者从第一阶段开始，认定 A 引发 B，这一想法就印刻在大脑里[5]，即便观察到完整的数据模型，而且该模型显示 A 和 B 之间不存在因果关系，他们也不会改变看法。一旦认定 A 引发 B，第三阶段呈现的新数据又没有直接否定这一观点，A 和 B 看似仍旧同时出现，那么他们会将这一相关性看作 A 引发 B 的证据，并不会修正错误观点。

　　这是证实性偏差的又一例证，人们总是坚持自己已有的观点。在第 2 章中，我们讨论的证实性偏差是人们不会主动搜寻与自己已认定事实相反的证据；在这一章中，我们要讨论的证实性偏差是人们会按照自认为正确的方式解读新数据。

带偏差的解读无处不在

这里再讲一个有关我的孩子和带偏差解读的故事。在我儿子 4 岁的时候，我们在车上发生了一次争论。他问我，为什么黄灯被叫作黄灯。我没理解他的意思，考虑到他只是个 4 岁的孩子，所以我回答说："它是黄色的，所以被叫作黄灯。"儿子说："它不是黄色的，是橙色的。"我耐心地纠正他，同时暗自琢磨，是不是我丈夫没告诉我他是色盲，悄悄地把这个特征传给了下一代。儿子坚持说："妈妈，你看呀。"为了证明他错了，我在下一个路口黄灯亮起的时候停下车来观察。我看到的是一个橙色的信号灯。虽然它不是成熟的橙子的颜色，但毫无疑问它的颜色更接近橙子而不是柠檬的。你们自己去看看就知道了。后来我发现，黄灯的颜色是故意设为橙色的，这样能见度最好。在正式文件中，黄灯的准确名称是琥珀灯，英国也用这个名称。好吧，那为什么我从小到大都认为它是黄灯呢？我感觉自己一直被蒙在鼓里。我父母说那是黄灯，我自己也一直这么叫。小的时候，我会自觉地用红色、绿色和柠檬黄的蜡笔画信号灯。最恐怖的是，如果不是儿子纠正我，我真的以为黄灯是柠檬黄色。

由于已有信念先入为主，对现实的解读就带有偏差，这种现象非常常见。我刚才举的例子没什么危害，只要按照信号灯的指示开车，你叫它黄灯、橙灯还是琥珀灯都行。你可能会认为，如果固执己见有害，人们自然会随着新数据的出现修正之前的看法。然而，许多事例表明，**即便眼前的证据支持相反的观点，即便固执己见害人害己，人们往往依然坚持原有的看法。**

例如，我们身边总有一些人会把自己的问题归咎于他人。开会迟到，他们怪堵车，即便每天的那个时候那个路口都会堵车。伤害了别人的感情，他们这样道歉："你要这么想，我也没办法。"他们认为自己总是对的，别人总是错的，或许这样可以保护他们脆弱的自尊，却剥夺了他们学习和成长的机会，也让他们无法发展牢固、健康的人际关系。

另一些人则总是自责。他们不自觉地怀疑别人对自己的称赞（"他肯定对每个人都这么说"），贬低自己的成就（"我是靠运气"），甚至将最具建设性的负面反馈放大成无可救药的诅咒（"我彻底没戏了"）。或许他们都患有冒名顶替综合征①。他们总是觉得自己不够好，任何新的证据都无法改变他们对自己根深蒂固的负面看法。

抑郁症患者最容易带着偏差解读现实，然后伤害自己。假设埃拉给朋友莱斯发信息："周五晚上你准备干什么？"4分钟后，信息显示已读，但莱斯没有回复。2个小时过去了，莱斯还是没有回复，可能的原因有很多：莱斯刚看完信息就参加了一场特别无聊的会议，以至于忘了回复；他刚读完信息，手机就掉到面汤里；一只鸟在他头上拉屎，他一直忙着用抗菌洗发液洗头。具体情况不得而知，但一直怀疑自身价值的埃拉会认为莱斯不想和她做朋友了。

基于毫无根据的刻板印象，人们会对某些人形成错误印象，进而伤害他人。无数研究都证实了这一点，其中我最喜欢的一项研究探究了一个令人不安又充满争议的社会问题，即男女薪资差异。女性的薪

---

① 冒名顶替综合征是指个体按照客观标准已经获得成功，但是其本人认为这是不可能的，感觉是在欺骗他人，并且害怕被他人发现此欺骗行为的一种现象。——译者注

水比男性低，有人认为这反映了男女能力的真实差距，所以算不上不公平。接下来的实验告诉我们，在应聘同一个职位时，其他条件完全相同的男女应聘者的遭遇有何不同。[6]

这项研究的参与者都是美国知名大学的科学教授，他们所在的院系名声在外、受人敬仰。教授们要对学生实验室经理一职的应聘者进行评价。申请材料列出了应聘者的本科院校、平均学分绩点、研究生入学考试成绩、过去的研究经历、未来的研究计划，以及应聘时所需的其他信息。所有教授拿到的申请材料内容一样，只不过其中一半得知应聘者名叫珍妮弗，另一半则得知应聘者叫约翰。

尽管珍妮弗和约翰的资历完全相同，这项研究的参与者仍然认为约翰比珍妮弗能力更强，更适合这份工作，更值得接受良师的指导，即便这些参与者都是经过专门训练能够客观解读数据的科学教授。当被问及应聘者应该拿多少薪水的时候，他们认为约翰应该比珍妮弗多拿 3 500 美元（高出 10%）。科学家们这样区别对待同一份申请材料，仅仅因为应聘者性别不同。更让人难过的是，不仅男教授这么想，女教授也是如此。

无数类似的研究揭示了不同立场带来的偏差，不仅有性别歧视，还有种族、民族、阶级、性取向、身体状况和年龄等你能想到或者想不到的歧视。我们来看这样一项实验，主题是近期备受关注的一系列恶劣问题，即警察暴力和种族歧视。参与者大多是白人男性和女性，他们要玩一个网络游戏[7]：在一个模拟现实的场景中（比如商场门口或者停车场），突然有人冒出来，手里拿着一把枪（银色的短管左轮手枪或者黑色的 9 毫米口径手枪），也可能是其他东西（比如一个银色铝罐、一部黑色手机或一个黑色钱包）。研究人员煞费苦心地让屏幕上的这些东西尽可能清晰可见。按照指示，参与者如果看见对方拿着枪，就按下"射击"按钮；如果看见不是枪，就按下"不射击"按钮。这个实验还设置了时间限制，模拟警察赶到潜在的犯罪现场时所面临的各种情况。目标人物有时是白人，有时是黑人，这一点诸位应该已经预料到了。你们可能也猜到了令人不寒而栗的结果。参与者向没有持枪的黑人射击的概率高于向没有持枪的白人射击的概率。也就是说，一个铝罐在黑人手里更容易被错认成银色的左轮手枪。此外，参与者看到持枪的白人比看到持枪的黑人更容易判断错误。换句话说，黑色手枪在白人手里更容易被错认成黑色的手机或钱包。

在后续的一项实验中，研究人员测试了参与者在目标没有武器时按下"不射击"按钮的速度。这一次，他们招募的实验对象不仅有白人，也有黑人。看到没有武器的人是白人时，参与者无论是白人还是黑人，都会比看到没有武器的人是黑人时更快按下"不射击"按钮。

越聪明的人越容易产生偏差

是不是有些人不容易产生偏差？这些人是不是大家公认的聪明人？我们可能会认为，聪明的人能够明辨是非，利用相关信息就能解读数据，并对眼前的情况做出判断。当听说有些人对某些事情的反应与我们认定的截然相反时，我们往往认为他们不如自己聪明。比如，有人坚持认为，新型冠状病毒的致死率和普通流感差不多。我们可能会认为，只有愚蠢的人才会相信这种荒谬的理论，并将因新型冠状病毒离世视为"正常"死亡，认为这些人不感染新型冠状病毒也会去世。然而，许多在其他领域颇有建树的人也人云亦云，支持这种明显错误的观点。

实际上，**越聪明的人越容易产生偏差，因为他们有办法反驳与自己观点相左的事实**。在众多针对证实性偏差的研究中，1979 年发表的一项开创性研究 [8] 可能是被引用次数最多的，该研究把可能导致政治两极化的偏差作为研究对象。虽然这项研究被频繁引用，但有一点鲜少被提及，即参与者要付出相当的努力和智力才能维持自己的偏差。关于这一点，详情如下。

数名大学生参与研究，他们对死刑的看法各不相同。一些人支持死刑，认为死刑能遏制犯罪。一些人则反对死刑。进入实验室后，这些参与者要阅读 10 项关于死刑提高或降低犯罪率的（虚构的）研究。这些研究中有一半表明，死刑对犯罪有遏制作用，现举其中一例：

> 1977 年，克罗纳和菲利普斯比较了美国 14 个州在实施死刑一年前后的谋杀率，他们发现，有 11 个州的谋杀率在实施死刑后有所下降。该研究支持死刑对犯罪的遏制作用。

另一半研究则表明死刑无法遏制犯罪：

> 1977 年，帕尔梅和克兰德尔比较了 10 组相邻但死刑规定不同的美国州县的谋杀率，他们发现，有 8 组中执行死刑的州县比不执行死刑的州县谋杀率高。该研究不支持死刑对犯罪的遏制作用。

参与者每读完一项研究就要评价自己对死刑的态度。读到这里，诸位读者可能会以为我又要重提证实性偏差，即无论读到的研究结果如何，死刑支持者依然支持死刑，而死刑反对者依然反对死刑。

有趣的是，情况并非如此。当参与者阅读的研究结果表明死刑对犯罪有遏制作用时，死刑的支持者会更支持死刑，反对者也支持死刑。同样，两方在读到相反结果的时候，态度也随之改变。也就是说，参与者会受到新信息的影响，即便这些新信息与他们原有的观点相左。不过，他们起初对死刑的态度决定了其态度转变的程度，比如，读完死刑能遏制犯罪的研究之后，死刑支持者比反对者对死刑的支持态度更坚定。当然，这并不妨碍人们做出调整。

为了力求严谨，该研究又进行了第二阶段实验。在第一阶段，参与者读到的只是研究结果的概述，这次他们要阅读有关研究的详细描述，后者完整阐述了调查州县的选取标准（毕竟美国各州的法律不同）、研究时长等方案细节。参与者还读到了研究结果的具体情况。这些细节作用显著，那些聪明的参与者有理由否定与自己最初的观点相矛盾的研究。

参与者会这么说：

这项研究只分析了实施死刑前后一年的数据。若想结论更可信，至少要收集前后 10 年的数据。

研究人员在选择州县的时候存在太多问题，研究总体涉及的变量太多，无法改变我的看法。

参与者的评价非常详细，他们确信，与自己最初的观点和态度相左的研究结果是不可信的。不仅如此，这让他们更坚持自己最初的观点。在阅读了死刑无法遏制犯罪的研究细节之后，死刑支持者更支持死刑，而死刑反对者在阅读了死刑能够遏制犯罪的研究细节之后更反对死刑。也就是说，与参与者最初持有的观点相矛盾的证据反而使他们进一步坚定了自己最初的观点。

找理由驳斥证据需要极强的分析思考能力和大量背景知识，比如收集和分析数据的方法，大数定律的应用，等等。简短的研究描述无法让参与者施展如此复杂的技能，因此不会出现带偏差的解读。只要掌握了足够多的信息，他们就能大展拳脚，找出与自己观点相左的研究存在的问题，所以尽管研究结果与他们的观点不符，反而更坚定了他们最初的看法。

不过，这项研究没有直接检验参与者推理能力的个体差异。另一项研究则直接针对参与者的定量推理能力，意图揭示推理水平不同的人是否持有不同偏差。[9]首先，研究人员测试了参与者的计算能力，看看他们能否运用数字概念进行推理。测试问题难度不同，但都需要相当强的定量推理能力才能找到正确答案，有些问题仅仅比计算小费和鞋子打 7 折后的价格难一点，有些则难得多。这里举两例。

假如掷一个五面的骰子 50 次。这 50 次中有多少次掷出奇数?（正确答案：30 次。）

森林里 20% 的蘑菇是红色的，50% 是棕色的，30% 是白色的。红蘑菇有毒的概率是 20%，其他颜色的蘑菇有毒的概率是 5%。那么森林里的毒蘑菇有多大概率是红色的？

（正确答案：50%。）

接着，研究人员让参与者看一些数据，它们揭示了一款新面霜和皮疹之间的关系，如表 6-2 所示。在使用新面霜的 298 人中，有 223 人（约占 75%）的皮疹有所好转，而剩下的 75 人的皮疹加重。基于这组数据，很多人立即得出结论：新面霜让皮肤变好了。

你们还记得我在第 2 章举的驱赶怪兽喷雾和放血疗法的例子吗？为了避免证实性偏差，我们要看看不用驱赶怪兽喷雾的时候会发生什么，同样，这项研究还要观察不用新面霜的情况。表 6-2 还展示了不用新面霜的数据，128 人中有 107 人（约占 84%）的皮疹有所好转。换句话说，这组数据表明，那些有皮疹的人不用这种面霜，皮肤状态会更好。

表 6-2　新面霜与皮疹之间的关系

	皮疹好转（人）	皮疹加重（人）
使用新面霜的患者（共 298 人）	223	75
不使用新面霜的患者（共 128 人）	107	21

正确解读这些结果并不容易，参与者在计算能力测试中得分越高，越有可能得出正确结论。事实也是如此。这里还要补充一点，民主党人和共和党人得出正确结论的能力差不多。这里提出这一点看似很奇怪，却很有必要，因为该研究的另一个设定是给参与者看同样一组数据，不过这次讨论的不是面霜和皮疹之间的关系，而是颇具政治色彩的议题。

这组数据揭示了枪支管制（具体来说，是禁止在公共场合携带隐蔽手枪）和犯罪率之间的关系，并且有两种版本：一种表明枪支管制增加了犯罪，与大多数共和党人的观点一致（见表6-3）；另一种则表明枪支管制减少了犯罪，是民主党人普遍持有的观点（见表6-4）。

那些在计算能力测试中得分较低的人，无论属于哪一党派，都很难得出正确答案，与面霜和放血疗法这两个例子的结果一样，他们对枪支管制是增加还是减少犯罪的判断完全随机。不过，他们的解读至少没有偏差。无论数据表明枪支管制是增加还是减少犯罪，在计算能力测试中得分低的民主党人和共和党人都无法推出正确答案，与之前的面霜测试一样，民主党人和共和党人的表现没有区别。

那些计算能力强的参与者则出现了偏差。当数据表明枪支管制增加犯罪时，得分高的共和党人更有可能推出正确答案。当数据表明枪支管制减少犯罪时，得分高的民主党人更有可能推出正确答案。也就是说，只有在数据支持自己已有的观点时，定量推理能力强的人才会发挥这项技能。

表6-3　与共和党人的观点一致的数据

	犯罪减少的城市（座）	犯罪增加的城市（座）
禁止在公共场合携带隐蔽手枪的城市（总计298座）	223	75
允许在公共场合携带隐蔽手枪的城市（总计128座）	107	21

注：这些虚构的数据表明，实行枪支管制的城市中有25%的犯罪率上升，而没有实行枪支管制的城市中有16%的犯罪率上升，因此枪支管制增加了犯罪。

表 6-4　与民主党人的观点一致的数据

	犯罪减少的城市（座）	犯罪增加的城市（座）
禁止在公共场合携带隐蔽手枪的城市 （总计 298 座）	75	223
允许在公共场合携带隐蔽手枪的城市 （总计 128 座）	21	107

注：这些虚构的数据表明，实行枪支管制的城市中有 25% 的犯罪率下降，而没有实行枪支管制的城市中有 16% 的犯罪率下降，因此枪支管制减少了犯罪。

　　我并不是说那些缺乏强大的定量或分析推理能力的人不会带着偏差看待事实。他们也会如此。例如，在判断某人手里拿的是枪还是手机的时候，他们也会戴上种族歧视的有色眼镜。这里想强调的是，**所谓的智慧和技能并不能让人们摆脱非理性的偏差，有时它们还会加剧偏差。**

为什么我们会带着偏差解读事实

　　按照自己的偏差解读事实和数据以维护原有观点，对个人和社会都有危害。在讨论我们能否做些什么来改变这一倾向之前，有必要先讨论一下我们为什么会带着偏差解读事实，为什么常常没能意识到这一点并加以改正。

　　不可否认，激励因子在上述过程中发挥着关键作用，可能是为了面子，也可能是为了证明自己是对的（即便事实并非如此）。有时，我们还想维护家庭、宗族或政治团体的信条。从激励的角度阐述有偏差的解读，在某些情况下是站得住脚的。然而，很多情况下并不存在激励因子，而我们的解读依然带有偏差。想想信号灯，认为中间那个灯是黄色的对我并没有什么好处。在很多问题上我会坚持自己的看法，但我并不在乎交通灯的颜色。尽管如此，我从小到大都以为中间那个是黄灯，仅仅因为我觉得那是黄色。再想想那些认为约翰的薪水应该比珍妮弗高的女教授，很难想象她们主动将女性排除在科学界之外。面对没有携带武器的白人和黑人，那些黑人参与者按下不朝白人射击的按钮的速度更快，但他们肯定不想生活在种族歧视极严重的社会。即便我们没有动机去相信某事，既有的看法也会影响我们的所见所感，因为这就是认知的运作方式。承认这些偏差是认知机制的一部分，有助于我们看清这些偏差的顽固性。

解释性偏差背后的认知机制与我们在生活中每时每刻使用的认知机制没什么区别。人类掌握了大量信息，在处理外界刺激的时候，人们会频繁地、下意识地自动使用这些信息。在认知科学中，这被称为自上而下的加工。

想想我们是如何处理听到某人说某事的声音的。在美国长大的人一定反复听到过这段誓词："我宣誓效忠国旗和它所代表的美利坚合众国。这个国家在上帝之下，统一而不可分割，人人享有自由和正义。"有时我们会听见小孩这么背诵，"和它所带不要（代表）的美利坚合众国"，或者"在上帝之下，同意（统一）而不可分割"[1]，听起来和原文有点像。想想这些词语的发音，出现这样的错误也可以理解。只有认真思考这段誓词的真正含义，我们才会意识到其中不可能出现"带不要"或"同意"这样的词语。

---

[1] 原文是 "to the Republic for witches stand" 和 "under God, invisible"，属于小孩的口误。——译者注。

再想想手机的语音转文字功能。我的苹果手机能准确转述手机号码，最近它转文字的正确率也相当惊人。人工智能的进步让人惊叹。不过，上周我收到了这样一条语音转成文字的信息："嗨，这是给 ＿＿＿＿＿ 的信息。我叫玛丽，代表夜路二鼻喉给您打来电话。给我们回电请拨 XXXXXXXXXX，分机号请拨 3。再次提醒，这里是耶鲁二鼻喉科。"这次它甚至没有转述我的名字，这也就算了，"夜路二鼻"和"耶鲁二鼻"到底是什么意思？我把玛丽的语音消息听了一遍，她说的是"耶鲁耳鼻喉"。事实上，这段语音非常容易让人听错，但因为大脑能自上而下加工，同时不自觉地依赖丰富的参考信息，所以我们能完美解读模糊的词语和含义。我的大脑积极自主地启动自上而下的加工，无论这条语音信息播放多少遍，我都不会听成"夜路二鼻"。

人们是否会因为自己当下的信念对同一事物持截然相反的看法，即便无利可图依然如此？[10] 我和我的研究生杰西卡·马什（Jessecae Marsh）曾经做实验研究过这个问题。我们向每个参与者展示了一张幻灯片，屏幕左侧是土壤样本中一种细菌的图片（看起来像一根球棒），右侧则是土壤样本（见图 6-1）。样本上标明了土壤中是否含有氮元素。参与者被告知，他们将看到一系列幻灯片，然后要搞清楚土壤中氮元素的出现是不是某种细菌所致。

每个参与者要浏览 60 页幻灯片，每一页都有一张土壤样本。他们先看到两种不同的细菌，如图 6-1 所示，一些图片中的细菌特别长，从屏幕上方一直延伸到下方，另一些图片中的细菌特别短，屏幕上下都余下不少空间。

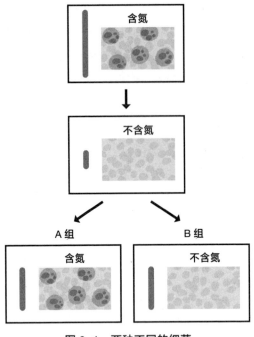

图 6-1　两种不同的细菌

　　参与者首先看到的土壤样本和图 6-1 中前两张图片一样，是特别长的细菌配上含氮的土壤样本，特别短的细菌配上不含氮的土壤样本。浏览了几组这样的搭配之后，参与者可能会推测是长细菌让土壤中有了氮元素。这很好理解。

　　接着，我们给实验加了点料。在参与者开始认定长细菌让土壤含氮的时候，我们将一半参与者划为 A 组，向他们展示中等长度的细菌搭配含氮土壤样本的图片。中长细菌经过精心设计，既不太长，也不太短。也就是说，如果按长度归类，很难说这些细菌到底是长细菌还是短细菌。它们的长度刚好处于中间。

在这一轮实验的最后阶段，我们又让 A 组看了 60 张幻灯片，既有长细菌＋含氮土壤、短细菌＋不含氮土壤，也有中长细菌＋含氮土壤。接着，我们突然向参与者提问："你看到多少张长细菌＋含氮土壤的幻灯片？"60 张幻灯片中只有 20 张上有从上方延伸到下方的长细菌，并配以含氮土壤的图片。然而，参与者的答案均值是 28 张。他们认定长细菌会产生氮元素，所以只要看到含氮的土壤样本，一旁的细菌肯定是长细菌，尽管他们有时看到的是不长不短的细菌。

另一半参与者为 B 组，实验流程一样，也是从长细菌＋含氮土壤和短细菌＋不含氮土壤的幻灯片开始，但这次他们还会看到中长细菌＋不含氮土壤的幻灯片。当被问及看到多少张短细菌＋不含氮土壤的幻灯片时，他们的答案均值为 29 张。实际上，他们只看到 20 张短细菌＋不含氮土壤的幻灯片。

实际上，两组参与者看到的是一样的中长细菌，但因为两组都认定长细菌让土壤含氮，所以 A 组认为它们是长细菌，B 组认为它们是短细菌。在这一观点的影响下，他们将含氮土壤旁边的中长细菌看成长细菌，将不含氮土壤旁边的中长细菌看成短细菌。我敢打包票，这些参与者都不在意这个结论。看到更多长细菌或短细菌，对他们没什么好处。此外，他们也不用细数有多少中长细菌，因为长度不长不短，甚至可以忽略它们。不过，为了坚持自上而下的加工方式，参与者自发地将中长细菌视为长细菌或短细菌。

他们不仅这么划分细菌，还真的这么看待细菌。实验最后，我们向参与者展示 3 种细菌的图片，问他们中长细菌看起来像长细菌还是短细菌。A 组说像长细菌，而 B 组说像短细菌。

　　无论是否存在激励因子，自上而下的加工都会自动自发地进行。我们需要借助这种方式来理解世界，它将我们通过感官接收到的信息纳入一个协调一致的框架，进而帮助我们预测和控制周遭环境。如果没有自上而下的加工，我们会不知所措，生活陷入一片混乱。

　　想想最基本的一种视觉感知，比如当我写下"我的狗从窝里爬出来"这句话时，一个画面闯入我的脑海。画面内所有物体的物理特性不断变化，这些特性包括造型、颜色、轮廓、线条和形状等。不过，我看到的不是狗窝或地板的颜色和形状的变化，而是一个单一物体（我的狗）从另一个单一物体（它的窝）中出来，跳到地板上。假如看到这个场景的不是我，而是一个机器人，它能通过高清摄像头完美处理物理信号，却对狗或者狗窝没有概念，也不知道知觉的基本原理。机器人不知道一起移动的各个部分属于同一个物体，也不理解有生性（antimacy）①这种十分抽象的概念。在它看来，所有无生命之物都有生命，计算机图像是自然世界的一部分。因此，机器人对狗爬出狗窝的理解与我的理解不同。如果没有自上而下的加工，我们就和机器人没两样，无法区分狗和狗窝，还会以为电器和家具都有生命。

承认偏差是认知的一部分更有利于对抗偏差

　　自上而下的加工也存在问题，它会导致带偏差的解读，后者会进一步加剧证实性偏差和成见。这些偏差造成的结果往往令人震惊，但

---

① 有生性是一种基于名词所指称对象的知觉度和是否有生命等而来的、与语义和语法相关的范畴。——译者注

这个过程本身依赖于我们一直用来解读世界的能力。换句话说，这个给我们带来麻烦的过程不能说停就停，我们需要它。**知道带偏差的解读不可避免，这是个好的开始，然后我们才能找出对抗其危害的对策。**

当我们认为自己不会有思维偏差，或者认为只有与我们完全不同的人才会有思维偏差时，这种偏差就更难克服了。一旦认识到带偏差的解读是自上而下加工的一部分，即便我们试图敞开胸怀接受不受某一信条影响的观点，也不得不承认自己仍会带着偏差去解读世界。记住这一点，下次一个 4 岁的小孩跟你说，路口黄灯的颜色是橙色，你就会打开心胸，重新观察交通信号灯。

不过，解决生活难题并不总是像观察交通信号灯那么容易。当我们坚持对自己的错误认知，比如认为自己是失败者，或者认定自己的未来毫无希望，那就没有简单的对策了，即便事实并非如此。每个人都会时不时对自己产生怀疑，有些人很难摆脱自我怀疑，以至于怀疑成了自我概念的一部分。此时，他们会带着这种错误观点看待发生在自己身上的一切，这又会进一步强化他们的自我怀疑。最终，他们根本无法从自我怀疑中走出来。

在临床心理学中，认知行为疗法专门用于消除负面思考方式带来的根深蒂固的偏差。我们需要学习更好的思考方式（甚至还要向心理医生支付诊费，如果购买的保险不报销诊费的话），对某些人来说，这听起来可能很奇怪，但事实就是如此。你可以这么理解：我们吃自助餐的时候不会像吃豆人一样吞下面前的所有东西，我们会特意选择吃什么、不吃什么。同样，面对脑海中时常浮现的各种想法，我们要甄别哪些值得关注，哪些可以直接忽略。如果某人养成了反复琢磨负面想法的坏习惯，就得有人帮他改掉这一习惯，就像我们需要瑜伽导师或私人教练传授锻炼技巧，并鼓励我们坚持使用这些技巧。认知行为疗法很有用，但它并不是一个疗程就起效的神药，私人教练或瑜伽导师也无法让我们的身材一下子变好。这种疗法会持续几个疗程，"患者"需要在日常生活中反复练习这些技巧。这又证明了克服带偏差的解读有多难。

我们换个角度，当别人的偏差解读给我们带来困扰或负担时，我们该怎么做？**认识到这些偏差是认知的一部分**，我们就会对那些与自己看法不同的人更加宽容。也就是说，那些人并非总是想伤害我们，他们可能只是从自己的角度看待问题。每当面对这种情况时，我们不要总是高度戒备。有时候，集中精力解决因立场不同而产生的问题比试图改变他人的立场更容易、效果更好。

举个例子，格林先生没事就打理自己家的草坪，邻居布朗先生则认为精心修剪的草坪对环境有害，因为要用危险化学品，还浪费水。在格林先生眼中，布朗家的花园布满了令人生厌的、除不掉的杂草，而在布朗先生看来，那是一个随意搭配的原生态花园，花草坚韧不拔、美不胜收。《了不起的盖茨比》这本书也描述了类似的冲突，最后盖茨比让自家园丁去打理邻居家的草坪。即便格林先生出钱让人帮布朗先生修剪草坪，也改变不了布朗先生的价值观，所以根本没用。与其争论精心修剪的草坪是否能够维持，格林先生不如种点树篱挡住布朗先生家的花园，把精力用在将树篱修剪整齐上。

如本章开头所述，带偏差的解读带来的问题远不止邻居难看的花园这么简单，对某些族群的带偏差的解读有时关乎生死。如果他人的观点与我们的道德观相悖，我们又该怎么做？我们都知道改变他人的世界观有多难。我们还清楚，如果想和某些家庭成员继续保持联系，就不要在感恩节晚餐时谈论政治。

正因如此，有时我们需要统一的政策和法规。比如，如果有人认为疫苗有害，那么说服他们接种新型冠状病毒疫苗就很难。我朋友的朋友的朋友是生物学博士，她有一套自认为完备的理论支持 mRNA 疫苗会让接种者的基因受到不可逆的损伤，这当然大错特错。即便如此，她女儿还是接种了疫苗，因为她女儿就读的大学规定不接种疫苗就不能返校。这说明，即便人们的观点大相径庭，统一的政策依然能保护公共健康。1972 年通过的《平等就业机会法案》（*Equal Employment Opportunity Act*）是另一种系统层面的对策，该法案在某种程度上消减了基于种族、宗教、肤色、性别或国籍的歧视。当然，我们还应该通过教育帮助人们克服偏差，尽量消除偏差。然而，基于我们对健康、内在价值和安全看法的偏差解读一旦形成，就会变得根深蒂固。此外，许多偏差都有历史、文化、经济、政治等系统性的根源。统一政策自身也面临问题，比如政策决策者本身的解读就带有偏差，这是一个无法逃脱的循环。

有时候，对抗某一系统的唯一方法是建立另一个系统，一个为了大多数人的利益而设计的权责明确且公平的系统。

**心理学
第一课**

1. 即使眼前的证据支持相反的观点，即便固执己见害人害己，人们往往依然坚持原有的看法，按照自以为正确的方式进行解读。

2. 越聪明的人越容易带有偏差，因为他们总有办法反驳与自己观点相左的事实。

3. 有时候，集中精力解决因立场不同而产生的问题比试图改变他人的立场更容易、效果更好。

THINKING 101

How to Reason
Better to Live Better

第 7 章

我画得这么好，为什么你
还是猜不出我画了什么

　　我和丈夫一起参加一场晚宴，同时受邀的还有另外两对夫妻。晚宴的主人很擅长组局玩游戏。那晚，我们玩品酒游戏。每对夫妻都拿到 4 个红酒杯，分别标注着 A、B、C、D，里面盛有不同品种的红酒。每对夫妻的其中一位负责品酒，并在 4 张卡片上写下酒的味道。卡片上只能描述味道，不能暗示是 A、B、C、D 中的哪杯酒。另一位也要品尝 4 杯酒，然后将 4 张卡片和 4 杯酒配对。

　　有对夫妻是狂热的红酒鉴赏家，两人拥有一座大酒窖，还会去世界各地的酒庄参观。这一对中的丈夫负责品尝红酒，然后用只有红酒行家才懂的术语描述味道，如酒体中等、有橡木味、酸涩、顺滑、植物香气。妻子读出这些词语的时候，我们惊得目瞪口呆。即便如此，她也只猜对了一种。这个游戏不简单。

　　第二对夫妻两人都是英语教授，丈夫为每种酒赋诗一首。他把一种酒比作两人庆祝结婚周年时在所住的度假小屋俯瞰到的山谷，将另一种比作他们经受严峻考验之后分享的喜悦。丈夫即兴赋诗，妻子则用优美的声音和语调动情朗诵，我们简直惊掉下巴，只能连声赞叹。不过，他俩一种都没猜对。

我和丈夫那时已经结婚 15 年，又都是心理学教授。人们经常问我们是不是能看穿别人的心思，我们的答案是不能。要说心理学教会了我们什么，那就是大多数人对自己的想法过度自信，从未考虑过别人怎么想。不过，我丈夫非常了解我，他确信我不懂红酒。我的味蕾没有问题，但昂贵的年份葡萄酒对我来说跟便宜的盒装白葡萄混酿差不多，都能让我开心。更糟糕的是，我根本不喜欢红酒。

他用了不到一分钟就写好了卡片。一拿到卡片，我就忍不住笑了，然后靠它们猜出全部 4 种红酒。卡片上写的是："最甜""次甜""甜度第三""最不甜"。

我们的沟通能力有多糟糕

我们一直在和其他人沟通，通过聊天或文字表达自己的新想法和感受，也会倾听或阅读对方的想法。尽管一生都在做这件事，我们却没有意识到它有多难。参加晚宴的另外两对夫妻在玩过猜红酒游戏之后依然耿耿于怀，无法接受自己的伴侣竟然没能领会自己那么精准的描述。那对红酒迷抱怨说，红酒醒酒时间不够，所以他们才没有全猜中。遗憾的是，**即便面对熟悉的人，沟通中出现误解的次数也比我们想象的多**。我先介绍两项研究，它们有力地证明了人们的沟通能力有多糟糕。

我们先来看看邮件或短信这样的书面沟通。我们会给朋友或家人发信息，分享新鲜事、询问情况或者开玩笑。沟通时我们常会说反话，比如"错过了那次聚会可真遗憾""我老板又这么干"。发送这些嘲讽的句子时，我们认定接收信息的人能体会出其中的讽刺意味。我们收到类似的信息时，也自认能感受到对方的嘲讽。然而，事实真的像我们想的这样吗？

有一项研究测试了参与者读懂反话的能力，用的文本就是朋友发的信息。[1] 参与者两两一组，一人要给同组搭档发送一系列一句话信息，有些是反话，有些是认真的。发信息的人对搭档很有信心，认为对方一定能够判断出哪些句子是在讽刺。搭档毕竟是自己的朋友，肯定知道哪些句子是冷幽默，哪些是正常句子。接收信息的人对自己的判断也很有信心。然而，最终计算出的分数表明，他们的准确度纯粹靠运气，正确率是 50%，和掷硬币差不多。我们通过社交媒体、信息或邮件发出的玩笑话，其中一半可能会被当作一本正经的言论，而我们严肃的表达有一半可能会被认为是开玩笑，这可太吓人了。

不过，你不用为一生中开过的所有玩笑担心，因为上述研究结果仅限于文本信息。同样的玩笑或正经句子通过语音传递时，人们就更能领会它们的本意。至少在英语语境里，说话者讽刺的语调很容易被听出来，往往是音节略微拉长，音调升高，大部分人都能听懂。

虽然如此，你还是很抓狂。另一项研究发现，很多时候即便我们用声音传递信息，并试图用合适的语调表达自己的意思，还是有可能失败。这项研究使用的句子在日常对话中经常出现，比如"你喜欢我的新衣服吗"。[2] 当你的伴侣或朋友问出这个问题时，可能她担心这套衣服不好看，也可能她觉得衣服很好看，想让你称赞几句，还有可能你根本没注意她穿了什么，这让她很生气。实际上，仔细想想，我们在生活中说的很多话都语义模糊，比如"让我静静"，可能是表示

"我很忙"，也可能是表示"你让我很生气"。当对方问出："沙拉怎么样？"他可能是说："你不觉得这沙拉难吃吗？"他也可能是说："我做的沙拉这么好吃，你怎么没反应？"当然，他还有可能就是在问沙拉味道如何。与反话不一样，这些句子想表达的意思没法通过统一的语调来传递。

在研究过程中，参与者两两一组，其中一人要对另一人大声说出类似上面那些句子，传达某种意思。听者要猜测听到的每句话的意思，并从研究人员提供的 4 个选项中做出选择。听者和说者可能根本不认识，在实验室第一次见，也可能是朋友或伴侣这样的熟人。如果是伴侣组成一组，两人平均结婚时长为 14.4 年。

与反话研究中的参与者一样，说者很自信，认为听者一定能理解自己想表达的意思。如果朋友或伴侣同组，说者更有信心，这也在意料之中。然而结果正相反，熟人和陌生人对信息的理解程度并没有差别。平均而言，听者只猜对了不到一半的句子的正确意思。也就是说，即便结婚 14 年，你的伴侣也会误解你的语气，猜不到你说的语义模糊的句子真正的意思，至少有一半是这种情况。

知识的诅咒

没有人想误解自己的朋友或家人，也没有人想被误解。那么，误解为什么会产生呢？我们理解某件事的时候会用已有经验进行解读（我们在第 6 章讨论过）。我们是下意识地、自动地这么做的，自然认为别人也会像我们一样看待某事，即便那人不知道我们已知的东西。

一项研究表明，小孩也会有这种自我中心偏差。这一经典研究的过程如下：

萨莉有一颗玻璃珠，她把珠子放进自己的篮子里。
萨莉出去散步了。
安妮把萨莉的珠子从篮子里拿出来，放进旁边的盒子里。
现在，萨莉回来了，她想玩自己的珠子。
萨莉会去哪儿找那颗珠子呢？

正确答案当然是会去篮子里找，而不是盒子里。然而，大多数 4 岁以下的小孩会说，萨莉会去盒子里找珠子，因为他们知道珠子在那儿。这些孩子很难理解其他人可能会有错误信念，有不同于自己理解的想法。诸位可能听说过心智理论，它描述的就是推测他人心理状态的能力。

孩子们所犯的错误在意料之中，你可能会认为大人不会犯这种错误。然而，一项研究发现，即便是大学生，在理解他人方面也会遇到困难。[3] 研究人员告诉参与者，有个叫薇姬的女孩在房间里练习小提琴，房间里有 4 个不同颜色的琴盒。薇姬练习完之后，把小提琴放进蓝色琴盒，接着离开了房间。薇姬出去后，丹尼丝进来，把小提琴放进另一个琴盒。此时，一半的参与者得知丹尼丝把小提琴放进了红色琴盒（这些参与者被称为知识组），另一半参与者则不知道丹尼丝把小提琴放进了哪个琴盒（无知组）。接着，两组参与者被告知，丹尼丝重新摆放了琴盒，把红色琴盒放在之前蓝色琴盒的位置。最后，他们要估算薇姬回到房间后去 4 个琴盒里找小提琴的概率。正确答案当然是去蓝色琴盒里找。然而，知识组的参与者知道小提琴在红色琴盒里，他们无法忽视这个信息。在他们看来，薇姬去红色琴盒里找小提琴的概率比无知组预估的要高。**这就是知识的诅咒，一旦知道某事，你就很难站在不知道此事的人的角度看待问题，即便你是个成年人。**

玩过你画我猜游戏的人，一定能深切体会知识的诅咒。一个人抽一张卡片，上面有一段话或一个词，此人要把这段话或这个词表达的意思画出来，其他人则看图猜卡片上的内容。比如，图上画了一张人脸，有着长长的头发。显然，这是个女人，因为画画的那位"艺术家"还画出了她的胸部。女人旁边是 4 个小人，也有长发和胸部。这到底画的是什么？时间到了，没人猜对，画画的人中了知识的诅咒，朝队友喊道："答案这么明显，你们竟然没猜到？是《小妇人》（*Little Women*），讲的是 4 个女儿和她们妈妈的故事。"

下一个画画的人自称画得更好，然后抽了一张卡，在画板上画了一个狮子头。一个队友喊道："狮子！"不对。其他人让这位"艺术家"再画点别的。画画的人一直指着自己精心绘制的狮子头，好像在说这些线索就够了。另一个人猜道："鬃毛！"还是不对。这位"艺术家"还是指着狮子头，画笔都把纸戳破了。知识的诅咒就是这么令人沮丧，还是没人猜出来。顺便提一句，答案是《纳尼亚传奇》（*The Chronicles of Narnia*）①。

当然，你画我猜是游戏，所以难度很大，况且不是谁都擅长画画。有一项著名实验，不需要任何技能，诸位在家里或者其他地方都

---

①《纳尼亚传奇》中的狮子阿斯兰在七部曲中的每一部里都有出现，是贯穿首尾的角色。——译者注

可以试试，只要能找到一个有几分钟空闲时间的人。参与者要选一首众人皆知的歌曲，保证不管谁都听过这首歌。假设玛丽这位参与者选了《玛丽有只小羊羔》（ *Mary Had a Little Lamb* ），她打出这首歌的节拍，但不能唱出来，她的搭档要听拍子猜歌曲。

诸位也可以自己选首歌打节拍。是不是觉得谁都能猜出来？在实际的实验中，打节拍的参与者估计 50% 的搭档能够猜出歌曲。那么实际上有没有一半人猜出来呢？打节拍的人觉得很容易，是因为他们知道歌曲是什么。这项实验一共测试了 120 首歌，听节拍的人只猜对了 3 首。[4] 由于答案就在打节拍的人脑子里，他们便产生了一种错觉，认为谁都能猜出这首歌。

如果你的同伴刚好还有几分钟时间，让他们选首歌，打拍子给你听，你就知道听的人是什么感受了。我在课上做这项实验时，最常出现的错误答案是皇后乐队的歌曲《我们将使你摇摆》（ *We Will Rock You* ），因为这首歌的开头没有旋律，就是在打拍子（也可能是跺脚）。就算是生日歌，不带旋律这么打拍子，听起来也像硬摇滚。

知识的诅咒让人们对自己所传递信息的透明度过分自信。比如，打节拍的人只要打错了一个拍子，听节拍的人就会想成另外一首歌。打节拍的人认为这一段不过是快了 7 秒，没什么大问题。他们认定听的人能够听到他们脑子里回荡的旋律，就像你画我猜游戏里画画的那位"艺术家"，她脑子里都是《纳尼亚传奇》这本书封面上的狮子阿斯兰，所以想象不出还能添点什么让图画更好猜。

本章开头讲的品酒游戏也证明了知识的诅咒。我和我丈夫之所以胜出，是因为我们没有信心。我丈夫清楚地知道我对红酒不甚了解（好吧，是完全不懂），他只能用最笨的方法描述红酒，没想到却变成了最佳策略。

实际上，知识渊博的聪明人不一定能成为好老师或好教练，这多少也跟知识的诅咒有关。我曾听一些学生抱怨一位诺贝尔奖获得者的课程，虽然非常精彩，但完全听不懂。我以前有个学生师从一位多次获得格莱美奖的小提琴大师。我问她，大师教得怎么样，她委婉地回答："他天生就会拉小提琴。"

忘了考虑他人的立场

我们会沟通失败，通常只是因为忘了考虑他人的立场。这里讨论的是十分荒谬的情况，即我们已经知道其他人的所知、所想、所见、所爱，而不是前文描述的一个人不知道另一个人怎么想的情形。在接下来要讨论的事例中，我们的行为取决于他人的想法，所以不得不了解他人。即便如此，我们还是有可能忽略他人的立场。地位信号悖论就是这种现象的一个例证。[5] 在一项研究中，参与者要考虑如下情境：

> 假设你刚搬到丹佛市，要去市中心的一家酒吧参加活动。你很想认识一些新朋友。一切准备得差不多了，最后你要考虑戴哪只表：一只是昂贵的名牌表，另一只是便宜的大路货，都跟你今天的着装很搭。名牌表能不能吸引其他人和你做朋友呢？大路货呢？

如果你选择名牌表，那就和这项研究中的大多数参与者一样了。无论选项变成在萨克斯第五大道买的高档衬衫和在沃尔玛买的普通 T 恤，宝马和大众高尔夫汽车，还是加拿大鹅和哥伦比亚的外套，结果都一样。人类和开屏的孔雀一样，想通过带普拉达标牌的手包、带皇冠标志的劳力士手表、鲜红色蝶翼门的法拉利等奢侈品向别人炫耀自己的地位。

另一组参与者与上一组来自同一个圈子，因此两组人的品位和价值观差不多。他们被随机选中回答另一个问题，即更想和哪个人交朋友。这组参与者给出的答案刚好相反，他们会选择戴普通手表而不是戴劳力士的人，穿普通 T 恤而不是穿高档衬衫的人，开大众高尔夫而不是开宝马的人。

在选择穿戴什么来吸引朋友的时候，我们可能会陷入以自我为中心的立场，想要展现自己较高的社会地位，却因此犯错。如果有人戴着泰格豪雅手表、穿着印有金色古驰标志的黑色 T 恤出现在酒吧里，我们会作何感想？只要换个立场思考，我们就知道该选哪只手表。当我们想给别人留下好印象，或者特别想给别人留下好印象时，就不能忘了换位思考。

接下来的这项研究表明，即便在能够换位思考的时候，人们依然会忘记这么做。[6]该研究还显示，人们成长的文化环境也会发挥作用。参与者都是芝加哥大学的学生，研究人员告诉他们要玩一个沟通游戏。每个参与者的对面都坐着一位"指导"，实际上是实验人员。两人中间立着一个长、高各约 51 厘米，宽约 13 厘米的木架。架子被分成了 16 个等大的格子，有些放了苹果、马克杯、方块等小物件（见

图 7-1 和图 7-2）。参与者要根据指导的指示移动格子里的物品。如果指导说："把瓶子向你的左边移动一格。"参与者就要找到瓶子，拿起来放到左边一格。这些动作参与者和指导都能看见，参与者只需按照指导的指示来操作。

图 7-1　参与者视角

图 7-2　指导视角

　　经过几轮热身之后，指导说："把方块向上移一格。"瓶子和苹果都只有一个，所以如果指导说移动瓶子或苹果，参与者就没别的选择。方块则有两个，图 7-1 的架子上能看到。然而，从上往下数第三排的那个方块在指导那边看不到（见图 7-2 的架子）。参与者能清楚看到这个格子是封闭的，在热身环节他们也扮演过指导的角色，所以应该知道从另一面看是什么情况。鉴于此，参与者应该能够立即找到指导说的那个方块，也就是从上往下数第二排的那个，这是指导能看到的唯一一个方块。

　　实验人员会在一旁计算参与者完成每一轮任务要花多长时间，然后比较有对比方块（放在封闭格子里的那个方块）时参与者的反应时间和没有对比方块时的反应时间。虽然答案显而易见，但相比于没有对比方块，参与者在有对比方块时多用了 30% 的时间才做出正确的动作。更有甚者，近 2/3 的参与者竟然问："哪个方块？"有的人还不止在一轮中这么问。有些人完全忽视了指导的视角，甚至去移动指导看不到的封闭格子里的那个方块。

有趣的是，似乎只有母语为英语的参与者才会出现这种混乱。研究人员还对芝加哥大学里来自中国的学生进行测试，他们在中国出生和长大，在美国待了不到 10 个月。这些中国学生用普通话完成同样的任务，无论有没有对比方块，他们的反应时间都一样。换句话说，他们对指导那边看不到的东西同样视而不见。只有一个中国学生询问："哪个方块？"我猜，当他意识到自己的问题多么愚蠢的时候，他一定会觉得不好意思。

只要了解集体主义社会和个人主义社会的不同，我们就能理解这种文化差异。韩国、日本、印度、中国等国家都推崇集体主义。在这种文化中长大的人都有强烈的归属感，时常被提醒履行对集体的责任和义务。他们也时刻关注社会规范。

举个在餐厅点餐的例子。在美国，每个人点自己要吃的菜，还会避免和别人点一样的菜。如果第一个点菜的人问第二个人想吃什么，第二个人会说："哦，如果你点了那个，我就换个别的。"如果都想吃某道菜，他们还觉得有必要为没点别的菜道歉。在韩国和中国，点菜默认的前提是主菜大家一起分享。即便是吃单人餐，如果一位长辈或者地位较高的人点好了自己要吃的，其他人很可能会选择同一道菜。

忠于集体，与集体保持一致，这是集体主义文化推崇的做法，有时甚至会牺牲隐私和个人权利。疫情暴发的时候，几乎所有韩国人都按照政府的规定佩戴口罩，商业场所暂停营业。人们进入商店、餐厅、夜店、KTV 等高风险场所都要扫描二维码。如果发现聚集性病例，进入上述场所的人都会收到通知并接受核酸检测。在美国这种崇尚个人主义的社会，这种统一管理根本不可能实现。

集体主义社会的成员会时刻关注他人的想法和他人对自己的看法。他们从很小的时候就开始接受这种遵守规则的社会化教育。或许是因为时常进行解读他人想法的训练，集体主义社会的人擅长换位思考，而且几乎成了条件反射。

换位思考，理解他人的感受

我们怎样才能更好地理解他人的想法、意图、信念和感受？既然在集体主义文化中长大的人更擅长换位思考，那说明这种技能是可以传授和学习的。不过，我们不能仅仅为了提高孩子换位思考的能力就移居集体主义社会，或者让自己的孩子在这样的环境里生活几年。有些读者可能认为，对他人的想法极度敏感也有负面影响。对于在崇尚个人主义的社会中长大的人，让他们像集体主义社会中的人一样和别人点同一道菜，这种隐性压力虽然算不上天方夜谭，但也非常离谱了。有新闻报道说，过分在意别人的想法会严重影响心理健康，至少会让你无论在现实世界还是网络世界都更容易被欺负。当然，我们不能在揣测别人想法的时候迷失自我。不过，我们起码要具备理解他人的基本能力，确保自己能正常开展社会交往。

我们先来看看一些针对小孩的解决方案。我之前讲过，两三岁的小孩很难理解别人有错误信念，有不同于自己理解的想法。一项研究发现，这个年龄段的孩子能在几周内学会理解错误信念。[7]有趣的是，该研究其实是在教孩子们如何撒谎。这里需要注意，撒谎的基本前提是，即使我们知道真相，别人有可能不知道。两三岁的小孩不理解这一点，所以他们不会撒谎。

研究人员教 3 岁的孩子玩一个游戏。他们把一颗糖藏在两个杯子中的一个下面，如果孩子猜对了哪个杯子下面有糖，就能得到它。接着，小孩要把这颗糖藏起来，让研究人员猜哪个杯子下面有糖。小孩把糖藏好之后，研究人员问他们把糖藏在哪个杯子下面。每个孩子都明白，如果对方猜错了，这颗糖还是自己的。即便如此，大多数孩子还是指出藏有糖果的杯子。虽然是自己藏的糖果，孩子们还是错误地认为研究人员已经知道藏在哪儿。孩子们很难理解有人会相信与自己看到的事实不同的情况，所以他们总会说实话。

研究人员通过这个游戏确认参与研究的孩子不会说谎，然后对他们进行为期 11 天、共 6 个阶段的培训，培训包含几项任务。比如，研究人员给孩子们看一个文具盒，让他们猜里面有什么。小孩都会说有铅笔。接着，研究人员打开文具盒给孩子们看，里面装的是彩带等别的东西。这时研究人员问孩子们，他们是不是一开始就觉得文具盒里有彩带，其他没看过文具盒里的东西的人是不是觉得里面有彩带。由于缺乏对错误信念的理解，孩子们常常回答错误（他们对这两个问题的回答都是"不是"）。如果孩子们回答得不对，研究人员会耐心纠正，然后重复这个任务。培训的另一个任务是给小孩讲故事，研究人员在讲述过程中会使用许多表示心理状态的词语，如喜欢、想要、感觉等，然后让小孩用这些词语造句。培训结束后，研究人员又对这些孩子进行"杯子藏糖果"的测试，这次他们几乎每一回都能骗过研究人员！

显然，教小孩撒谎骗人不好，但研究人员的目的不是这个，孩子们只是学会了理解他人的心理状态。研究人员指出，在某种程度上，知道如何撒谎是一项重要的社交技能。如果一个朋友不理解惊喜生日派对的意义，我们会非常担心他的心理健康或社交能力。至于寿星本人，即便没人告诉他，我们相信从朋友为他筹备生日派对的那一刻起，他就预感到生日那天会有惊喜。惊喜派对就是要瞒着寿星，只有知道他人的想法会和我们不一样，惊喜派对才有可能实现。

最重要的是，孩子们接受的训练遵循心智认知理论，他们认识到了其他人对世界的理解和自己不同。此外，若想对他人产生同理心和同情心，我们还需要掌握心智的情绪理论，即理解他人的感受与我们的不同，知道他人在某种情形下可能会有什么感受。

区分心智的认知能力和情绪能力是认识精神异常者的关键。撒谎和欺骗的前提是理解他人的想法，精神异常者和正常人的心理认知能力几乎一样。也就是说，精神异常者善于理解他人的想法，预测他人的思路，所以他们能够操控他人。不过，精神异常者缺乏情绪能力，忽视他人的感受，因此冷酷无情，没有同情心。

心智的情绪能力能通过慎重地换位思考得到提升。一项让参与者思考叙利亚难民问题的研究详细阐释了这一点。[8]截至2016年，叙利亚难民的人数达到550万，占世界难民总人数的1/4。参与者被问及是否愿意写信给当时的美国总统奥巴马，请求美国接收叙利亚难民。参与研究的民主党人只有 23% 回答愿意。一些参与者在回答这个问题之前收到了特殊指令，要把自己想象成难民。这个指令的具体内容是："想象你要逃离饱受战火摧残的祖国。逃难过程中只能随身带些东西，你会带上什么？你要逃去哪里，还是留在祖国？你认为逃难过程中自己会遇到的最大困难是什么？"这一组参与者愿意写信给总统的比例比没有收到指令的那一组高出 50%。设身处地地为他人着想能提升人们的亲社会行为。这一特殊指令对共和党人作用有限，可能是因为他们中的大多数反对移民，并不能说明换位思考无法激起保守人士的同情心。

仅依靠换位思考行不通

我们对他人心智的理解能力可以在认知和情绪两个层面得到提升，这一点已经很明确。不过，这里有个重要前提，即我们之前讨论的理解是最基础的。在叙利亚难民这个案例中，难民的处境极度艰难，几乎所有人都会同情他们。正常发育的孩子到学龄前都会知道他人的想法有可能与自己的不同。我们能否超越这一基础，仅仅通过换位思考来了解他人的想法或感受呢？

我们的直觉认为答案应该是肯定的。正因为我们这么想，所以常常抱怨那些无法洞悉我们需求的人："你为什么不能站在我的角度考虑？"老板总是提出过高的要求，我们暗地里想，他不会忘了自己当年刚入职时的处境了吧。有点同理心很难吗？然而，我们的直觉是错的，至少没有证据支持这样的想法。3 名研究人员合作开展 24 项实验，

最终证明，人们无法通过换位思考加深对他人想法或感受的理解。[9]

顺便提一句，他们的研究是我读过的论文中实验数量最多的一个（实际数量是 25 个，还有一个实验我们会在本章末尾聊到）。他们之所以开展这么多实验，是因为他们提出的论点违反人的直觉。此外，如果说有哪项研究证明了换位思考没用，那一定是研究方法有问题，可能参与者没有尽力，或者任务太难了。也许在某些情况下，人们根本不可能理解他人的想法。换个专业点的说法就是，这些研究试图证明零效应这个在社会学中出了名的证明难题。打个比方，假设你母亲断定她最喜欢的袜子被人扔掉了，因为她找了包括衣柜、床头柜、床底下、脏衣篮在内的家里"所有地方"都没找到。你父亲会说，她没找过"所有地方"，让她去看看你哥的衣柜、她的外套口袋、狗窝、被子下面。即便你母亲将你父亲说的地方也找了一遍，还是无法说自己找过"所有地方"。显然，证明袜子不在家里比证明袜子在家里难得多，通过实验证明零效应也是一样。

在我看来，这篇论文的作者用大量的任务试验了几乎所有情况。他们开展错误信念实验，参与者即便知道某个人对他们了解的现实有错误信念，也能设想身处此人的立场。另一项著名实验叫"解读眼中的内心"，该实验最初是为了研究孤独症儿童而设计的。研究人员向被试展示一张眼睛的照片，要求他们选择一个能准确描述这双眼睛传达的情绪的词语。（这种测试网上有很多，而且是免费的，诸位可以试试，类似的情商测试也有很多。）研究人员测试的是人们识别假笑和谎言的能力。另一些任务则涉及更现实的人际交往。参与者要猜测搭档是喜欢打保龄球还是做饭，预测搭档是喜欢电影《007：大战皇家赌场》还是喜欢《律政俏佳人》，以及猜测搭档对冒犯性笑话和各类争议性话题的反应。研究人员给出的冒犯性笑话包括："女人和电池的区别是什么？电池有正极（积极的一面）。""为什么男人像草莓？因为他们和草莓一样生长很久才成熟，成熟后，一不小心又会熟过头。"争议性话题则诸如"为了维护法律和社会秩序，警察可以使用任何武器"。

24 个实验都有两组参与者，控制组的参与者可以使用任意方法进行猜测，换位思考组则被鼓励从他人的角度来猜测，比如照片里那双眼睛的主人，或者猜测对方的偏好、反应和意见这个实验中的搭档。换位思考组的参与者表示，自己变得没那么自我了，还认为换位思考必然能提升准确率。然而，在所有任务中，换位思考组的准确率并没有提升。

作为心理学教授，我和我丈夫也会陷入换位思考的陷阱。接下来，我展开说说我俩掉进陷阱的趣事，让大家乐一下。我是家里的主厨，我丈夫因为工作的关系经常在外面吃饭。我会做的菜有很多，只要他在家吃饭，我就会做他爱吃的，可孩子们不爱吃，所以我常常一顿饭要做两种意大利面，番茄肉酱圆面条给孩子们吃，配菜蓍和意大利香肠的扁面条给丈夫吃。此外，我还时常一次腌制两种鸡肉，给儿子做无骨辣鸡肉，给女儿和丈夫做带骨不辣鸡肉。在此我要强调一下，我丈夫是我所认识的最体贴、最谦逊的人，家务也是我俩共同承担。他也很了解我，比如他知道怎么向我准确描述 4 种红酒的味道。当儿子离开家上大学之后，我俩成了空巢老人。一想到从今往后我只需要做一种晚饭，我承认这种感觉很棒。这时，我丈夫说道："是呢，我俩喜欢的食物一样，真好。"我笑得停不下来，我一直以为我丈夫很了解我的想法和感受，他竟然认为我做炸鸡和意大利香肠是因为我喜欢吃。事实正好相反，如果他们不在，我肯定是素食主义者，晚餐就吃开心果冰激凌和蓝莓。我这才发现，自己从未跟他说过！更糟糕的是，结婚 25 年来，我一直误以为我丈夫知道我为吃饭这事做出的妥协。

这一事例和那 24 个实验证明，我们无法仅仅通过换位思考或体谅他人弄清事实，比如另一个人最喜欢的食物是什么。尽管如此，我们还是希望通过某种方式学习如何准确猜测他人在想什么。实际上，一些心理治疗方法就是教人们如何以更客观的方式重新评估自身状况，而不要以自我为中心，进而改变具有破坏性的思考模式。你可能听说过提高情商的培训，比如学习从面部表情解读他人的情绪，这也很有用。

我们都知道，演员和小说家擅长揣摩他人的心思，他们一定是经过学习和训练才掌握了这种技能。虽然不是谁都能上创意写作课或表演课，但我们至少可以通过观看戏剧、阅读小说来提高理解他人的能力，这些文艺作品不都是从他人的角度看世界吗？

《科学》杂志发表的一项研究对此进行测试，揭示人们能否通过阅读文学小说更好地了解他人的想法或感受。[10] 参与者阅读了很多短篇小说，比如唐·德里罗（Don DeLillo）的《跑者》（*The Runner*）和莉迪亚·戴维斯（Lydia Davis）的《相亲》（*Blind Date*），也阅读了吉莉安·弗琳（Gillian Flynn）的《消失的爱人》（*Gone Girl*）和丹妮尔·斯蒂尔（Danielle Steel）的《母亲的罪孽》（*The Sins of the Mother*）等近期畅销书的节选内容。接着，他们要完成各种错误信念任务，接受"解读眼中的内心"测试。研究人员发现，参与者的表现确实有显著的提升。后来，这项研究逐渐受到人们的关注，研究结果被广泛引用。我读到这篇论文的时候，很难相信这一结果，因为参与者只读了一会儿小说。如果真的这么简单，世界上怎么还会有冲突和战争？

事实证明，这项实验根本无法复制。《自然》发表了一项研究，对 2010—2015 年间《自然》和《科学》刊登的社会学实验的可复制性进行了评估 [11]，这个实验赫然在列。研究人员认为，没有证据显示阅读小说后参与者在完成任务时的表现有所提升。

正如我之前所说，零效应很难证明。阅读小说的效果或许确实有，但需要长时间大量阅读才能实现。生活在集体主义社会的人更擅长猜测他人的想法，因为他们一生都沉浸在这种文化中。同样，心理治疗和情商培训都要持续进行很长时间才有效。演员和小说家也是如此，他们能站在观众或读者的立场，是长期练习的结果，当然也离不开对他人的观察和他人的反馈。

不要猜测，直接表达

我们确实有办法提升自己解读他人的想法、清楚表达自己的想法的能力。方法非常简单，那就是**不要让别人猜测我们在想什么，直接说出来**。此外，发信息说讽刺段子时，我们可以加上某些表情包。

当然，说出自己的想法有时候很尴尬，还有点无趣。直截了当地说自己是在开玩笑，那多没意思。不过，想想听别人打拍子猜歌曲的时候，我们有多摸不着头脑，还是谨慎些为好。如果我问朋友："你觉得这件 T 恤怎么样？"那只会是我真的想知道朋友对这件 T 恤的看法，而且如果他们一致认为不好看，我还能把它退掉，而不是我被动地抱怨："你们根本不关注我。"

因此，别再试图猜测他人的想法和感受。如果你富于同情心，又乐于助人，恐怕很难不去猜测他人的想法。然而，无数研究表明，这样做糟糕至极。**直接问他们，是掌握他人所知、所念、所感、所想的唯一可靠方法。**"直接问"就是我之前提到那个研究的第 25 项实验。参与者拿到一份关于搭档的问卷，一组要换位思考，另一组则在测试前有 5 分钟时间问搭档一些问题。相比于第一组，提问的第二组表现更好。这个结果在意料之中，如果知道正确答案，谁都能在测试中得高分。实验的意义就在于此：没有调查，就没有发言权。

若想准确地理解他人所想、所感、所念、所知，你就直接向他们要答案。如果不知道朋友怎么看待性别笑话，你就不能站在他们的立场猜测他们会觉得好笑还是被冒犯。我们会把自己的所知所感投射到他人身上，所以常常过分自信地认定自己知道他人的想法。因此，我们懒得去验证自己的假设，有时候则是忘记了这么做。通过调查了解事实是增进理解的唯一可靠方法。

**心理学
第一课**

1. 即使是非常熟悉的人，沟通中出现误解的次数也比我们想象的多。

2. 一旦你已经知道某事，就很难站在不知道此事的人的角度看待问题，这就是知识的诅咒。

3. 不要让他人猜测我们在想什么，直接说出来。也别再猜测他人的想法和感受，直接问。

THINKING 101

How to Reason Better to Live Better

第 8 章

现在给你 340 美元或 6 个月后给你 390 美元，你会如何选择

我 25 岁就获得了心理学博士学位，比大多数同行早了好几年。这不是因为我是天才，而是被最后期限所逼迫。当 21 岁的我从韩国到美国读研究生的时候，我根本没计划这么早拿到学位。麦当劳服务员简单的一句英文"堂食还是打包"，我都要想半天是什么意思。办公室同事问我："什么风把你吹来了？"我认真地回答："西北风。"她被逗乐了，我却摸不着头脑。和大多数人一样，我原本计划用五六年的时间拿到博士学位，但第 4 年年初计划突然受阻，我的导师要去另一所学校任职。他说，如果我能在年底完成论文，他就引荐我去他的新东家做博士后研究员，那是我梦寐以求的工作。

虽然我的成绩不错，但要在一年时间内从头开始写一篇博士论文，可是个不小的挑战。我只能取消所有的娱乐活动，疯狂赶论文。不看电影，不参加派对，连啤酒都不喝，一天 24 小时有 16 个小时在写论文，每天就靠燕麦麸皮、牛奶和咖啡过活。那一年之后，我依然要面对各种挑战，时常忍受失落。我说这些是为了告诉你们，我有能力坚持下去，耐心等待姗姗来迟的回报。

不过，我也是我所知道的人中最没有耐心的一个。一收到学生的邮件，我就会立刻回复。对于脑子里冒出的问题，我立刻就想得到答案。想到一个有意思的研究课题后，我不会发邮件跟我的研究生沟通，而是直接给他们发信息或者去他们的办公室。想剪头发时，我会立即和理发师约最近的时间。当下约不到最喜欢的发型师，尽管事后总会后悔，也只得让别的发型师摆弄我的头发，我没耐心等喜欢的那位发型师有空，那对我纯粹是折磨。我想要的结果、答案和回报，最好马上出现。

延迟折扣，低估未来的回报与痛苦

我们从两个看似矛盾的故事开始，不过仔细听我解释，你会发现这两个故事并不矛盾。在故事开始前，我想先向大家展示人有多么没耐心。这是一个经典测试，衡量了延迟回报在人们眼中是如何贬值的。

现在给你 340 美元，6 个月后给你 340 美元，你选哪个？这想都不用想，每个人都会选现在要 340 美元。

现在给你 340 美元，6 个月后给你 350 美元呢？大多数人还是会选现在要 340 美元。

现在给你 340 美元，6 个月后给你 390 美元呢？在一项此类实验中，大多数参与者还是会选择现在要 340 美元，而不是等 6 个月多得到 50 美元。考虑到通货膨胀、利率和投资等因素，选择现在拿 340 美元而不是 6 个月后拿 390 美元听上去很合理。现在把钱拿到手，然后用这些钱赚取更高的收益，不是更明智吗？

　　答案是否定的。[1] 假设你现在有 340 美元，把它存进银行或者用它购买股票。在正常的经济环境中，6 个月后你手里的钱可能只比 340 美元多一点，最多增加 10 美元或 15 美元。若想在 6 个月里将 340 美元变成 390 美元，年收益率要达到 30% 左右，市场上哪有这么高的利率。

　　现在拿 340 美元的另一个理由是谁知道接下来 6 个月会发生什么。给你钱的人可能会改变主意或者过世，你也可能过世。一场核战争可能就让钞票变成废纸，只能用来点火取暖。你的富豪姨妈可能在这 6 个月内去世，遗产都留给了你，你心心念念的那多出来的 50 美元也就不值一提了。这些事情发生的概率太小了，也只有在这种小概率事件发生的时候，6 个月后的 390 美元的价值才低于现在的 340 美元。

　　再来做个练习，看看人们多么不理智地低估未来的回报。在现在拿到 20 美元和一个月后拿到 30 美元之间做选择，大多数人会选择现在拿到 20 美元。如果是在 12 个月后拿到 20 美元和 13 个月后拿到 30 美元之间做选择，猜猜怎么着，大多数人会选择多等一个月，多拿 10 美元。面对两道相似的选择题，人们的选择却截然不同。这两对选项的差值完全一样：10 美元和一个月。无论 20 美元或 30 美元对一个人意味着多大价值，在第一道题中选择 20 美元，在第二道题中应该也选择 20 美元。然而，从现在后延一个月感觉比未来后延一个月要严重得多。

　　当然，这种现象不会一直如此。如果选项变成现在拿到 340 美元

Thinking 101

延迟满足：通过延迟对欲望的满足以获得更大满足。

和 6 个月后拿到 34 万美元，每个人都愿意等 6 个月。我就是这样获得博士学位的。在我看来，学位和博士后研究工作的价值比社交生活和正常饮食的即时回报大得多。我相信每个人都有类似的经历，在当下做出牺牲，换取未来的丰厚回报。所以，我并不是说人们通常无法延迟满足。

我们常常低估未来回报的效用。无数个类似我刚才提到的选择情境的行为经济学实验表明，人们对满足的延迟不够。想想现实生活中的事例，面对未来回报的时候，人们有多不理智。**与行为经济学家一样，我会把这种对延迟回报的低估称为延迟折扣。**

想想气候变化，我们循环利用资源以减少浪费，种植树木以减少碳排放，花更多的钱买新能源车，这不能立刻让空气变好、海平面下降，也不能立刻让北极熊的生存环境变好。这些好处要到数十年后才能显现，有些只有未来几代人才能享受。即便减少碳足迹的未来价值无限，可能也不足以激励人们关掉空调或者花一大笔钱装太阳能板。可是，不这么做就好比选择现在拿到 350 美元，放弃几十年后拿到 3 500 亿美元。

有些人天生就喜欢每天在跑步机上跑步，津津有味地吃野生谷物沙拉，但这种人毕竟是少数。对大多数人来说，专家告诉我们的保持身体健康的几乎所有方法，比如按照新年计划每周锻炼 5 次、一天只喝一杯红酒等，都是能够帮助延年益寿的延迟满足，而非即时满足。每次我们抵挡不住诱惑都表明后者比前者的诱惑大得多。

即便延迟的时间不算太长，我们也有可能因为眼下的好处放弃很快就能得到的满足。漫长的一天结束了，你筋疲力尽，很想吃最爱的比萨。你给附近的比萨店打电话订了一个比萨，店家保证在 30 分钟内送达。你只需要等 30 分钟就能吃到热腾腾的美味。这时，你看到橱柜上有一包薯片，吃了它你就没有胃口吃比萨了，而后者是你辛苦一天后得到的更好的奖励。然而，你还是打开薯片吃了起来，最后落得跟自己生气的下场。

延迟折扣不只使人低估未来的回报，还会低估未来的痛苦，这就解释了人们为什么会拖延。对于不愿意碰的任务，很多人会拒绝承认它的存在，直到最后期限前几个小时，有时甚至过了最后期限也不想做。一项艰巨任务带来的痛苦如果推到将来，在某种程度上会比发生在此刻让人更容易忍受。这就是人们拖延的原因。 为了避免学生在提交期末论文的前一晚才开始写，我让他们列出最后一刻才开始做作业的优缺点。针对拖延这一问题，他们给出的都是常见的"正确"答案，比如"你永远不知道最后一刻会发生什么""我们常常会低估完成一项任务所需的时间"。不过，我更感兴趣的是他们如何为拖延辩护。有些人说拖延能让自己表现更好：

> 压力出奇迹。
> 最后期限带来的压力和肾上腺素能提供强大的动力。
> 考虑的时间越长，最后一刻就能迸发越多灵感。

有人说拖延能提高效率：

> 据帕金森定律（Parkinson's Law），有些工作纯粹只是

185

> ● Thinking 101
>
> **帕金森定律：**英国著名历史学家帕金森通过长期的调查研究而揭示出的机构或公司管理人员持续膨胀的规律。只要还有时间，工作就会不断扩展，直到用完所有的时间。

为了打发最后期限前的那段时间。

我们不会受细节和完美主义困扰。

再也无法拖延了。

我最喜欢的一条理由借用了我在课上讲的内容："最后一刻不会出现规划谬误。"

我们为什么会低估未来的回报

上述种种情况都是因为人们不理智地低估未来的价值。为了避免这种情况的出现，我们要想想延迟折扣的原因。原因不止一个，每介绍一个原因，我都会给出相应的对策。

缺乏自制力

有时候，我们会因为缺乏自制力而放弃延迟满足。当你饿得前胸贴后背时，培根的香味能让你忘了健康饮食的所有好处。最喜欢的电视剧连更了好几集，你需要强大的自制力才能让自己开始做 6 个月后才提交的作业。

如今众所周知的棉花糖实验是最早的关于延迟满足和冲动控制的

研究之一。[2] 20 世纪 70 年代，该实验招募儿童进行测试。这些 3 ～ 5 岁的小孩每人拿到一颗棉花糖，实验人员告诉孩子们自己会离开房间。他们可以选择马上吃掉棉花糖，但如果可以先不吃，等到实验人员回来，他们就能再得到一颗棉花糖。如果等不及，他们就得不到第二颗棉花糖。

你可以在网上搜索棉花糖实验的视频，看到视频后你会笑出声来。孩子们为了得到更多棉花糖努力抵挡眼前的诱惑的样子太可爱了。有些孩子盯着棉花糖，眼睛都看直了；有些孩子用鼻子闻，有些拿手摸了摸，然后舔舔手指；有些孩子则用手指戳一戳，似乎想确定棉花糖是不是真的。

有孩子或熟悉孩子的人都能猜到，孩子们等待的时间各不相同。有些孩子能忍耐 15 ～ 20 分钟，有些很快就放弃了。不过，棉花糖实验并不是因为这一点为人所知。实验结果公布 10 多年后，科学家又有一项惊人发现，孩子们的等待时间与其在学术能力评估测验中的语文和数学成绩相关，在实验中为了得到第二颗棉花糖等待的时间越长，他们在学术能力评估测验中获得的分数就越高。有些读者可能通过媒体了解到，一项后续研究推翻了棉花糖实验[3]，但事实并非如此。这项后续研究表明，孩子们的等待时间与其在学术能力评估测验中的分数确实呈正相关，但相关性很小。这一后续研究随后受到方法论和研究理念方面的质疑。[4]

如果耐心等待就能获得更多好处，那我们如何帮助孩子抵抗即时满足的诱惑？这就是最初的棉花糖实验想要解决的问题。最简单的方法是在小孩等待时把那颗白白胖胖又香甜的棉花糖藏起来。此外，如果小孩有玩具或者被引导着想一些好玩的事情，即便棉花糖就在眼前，他们等待的时间也会大大延长。

在自然界中，现在就拿到较少回报的不理智行为，以及阻止这种行为的类似技巧随处可见。分散鸽子的注意力就能帮助它们延迟满足。[5] 想了解研究人员发现这一现象的过程吗？

实验人员先让鸽子的体重维持在自由喂养体重的八成，保证它们有充足的觅食动力。鸽子们经过训练后知道，如果笼子前方的按键亮起时立刻啄一下，马上就能吃到没那么喜欢的荞麦；如果等 15 ~ 20 秒再啄，就能吃到更喜欢的杂粮颗粒。鸽子和人一样没耐心，它们一拥而上选择即刻吃到荞麦，而不是等一会儿吃更好的杂粮。对鸽子来说，无所事事的等待尤其难熬。

不过，如果鸽子的注意力转移了，它们就能等一会儿。另一个实验在笼子后面增加了一个按键，和第一个按键一样在实验开始时就亮着。鸽子们知道，如果啄第二个按键 20 下，它们就能吃到更好的杂粮颗粒，这比啄第一个按键一下花费更多的时间和精力。结果表明，如果鸽子们能够通过啄第二个按键分散注意力，它们都能等 15 ~ 20 秒吃到更喜欢的杂粮。

抵抗即时诱惑相当困难。每天吃晚餐时喜欢喝上一两杯的人，需要强大的意志力才能打破这个习惯。不过，小孩和鸽子都能通过转移注意力抵抗即时诱惑，成年人或许也可以做到。来一杯不含酒精的美味饮料，比直勾勾地盯着其他人的酒能更有效地帮助你抵抗诱惑。

不确定性带来的麻烦

我们对未来的回报或痛苦的判断之所以缺乏理智，是因为我们很难充分考虑不确定性。接下来，我会分享我最喜欢的一项研究对此加以说明。这项研究虽然不是针对延迟满足的，却清楚地表明不确定性会影响人们的判断。[6]

一组学生按照要求想象刚得知自己通过一项很难的考试。接着，研究人员让他们想象，眼下有一个极具吸引力的夏威夷度假优惠套餐，只在今天有效。他们要么购买套餐，要么不买，还可以花 5 美元延长优惠期限，这 5 美元不可退还。大部分参与者都选择现在购买套餐。这很好理解，他们刚刚通过考试，正好庆祝一下。

另一组参与者面临相同的选择，不过他们要想象自己没有通过考试，几个月后要重考。大多数参与者也选择现在购买优惠套餐。这也说得通，毕竟他们有两个月的时间准备考试，现在去夏威夷放松一下不好吗？

这两组参与者的选择表明，无论是否通过了考试，这些学生都会选择去度假。这项研究还有第三组参与者，他们不知道考试结果如何，面对同样的选择，大多数人选择花 5 美元让优惠延期，等到考试结果出来再做决定。为了消除不确定性，人们愿意付出更多，即便无论结果如何，他们可能都会做出同样的选择。

影响着未来重大事件的结果的不确定性会阻止我们做决定。等待面试结果或者不知道这笔生意是否谈成时，即便是平常喜欢做的事，也很难让我们集中注意力。2020 年，美国总统选举结果即将揭晓的那段时间，我根本无法专心工作，即便是我承诺在 11 月底完成的写作计划也无法让我集中精神。秉持着夏威夷度假套餐研究的精神，我开始考虑所有可能的结果。假如特朗普当选，我是不是还要写这些东西？是。假如拜登当选，我是不是还要写这些东西？是。我这才继续写作，选举结果揭晓那天也不例外。实际上，写作正好转移了我的注意力，我不再老盯着选举，顺便放松放松精神。

尽管我能保持冷静，与不确定性共存，但如果有办法早点知道选举结果，我愿意花一大笔钱，而不是区区 5 美元。大多数人都希望尽可能减少不确定性。对不确定性的厌恶是正常现象，但在面对确定和不确定两个选项时，我们可能会做出不合理的选择，这和决定是否延迟满足的情况一样。

为了说明这一点，我们回到现在拿 340 美元还是 6 个月后拿 390 美元的选择。先不论钱数多少，这个例子就是在确定和不确定之间做出选择，因为未来总是不确定的。谁知道 6 个月后会发生什么呢？我之前说过，我们担心拿不到 390 美元的理由都是无稽之谈，因为这些担忧变成现实的概率极小。问题是，即便我们知道自己在未来 6 个月内死去的概率很小，但与我们确定的事情相比，这个概率就变大了。这种心理被恰如其分地称为确定性效应。

> ● Thinking 101
>
> **阿莱悖论**：决策时对确定结果的过分偏重而导致违背期望效用理论的现象。

行为经济学中有一个著名的现象叫阿莱悖论，它就是源于确定性效应。该理论由 1988 年诺贝尔经济学奖获得者、物理学家、经济学家莫里斯·阿莱（Maurice Allais）提出，所以我们免不了要讨论数字，不过这些数字都跟钱有关，所以很容易理解。

我们首先设想第一种情况。两个你做梦都想不到的机会摆在你面前，你可以从中任选一个。

选择 A：100% 的概率赢得 100 万美元。
选择 B：89% 的概率赢得 100 万美元，10% 的概率赢得 500 万美元，1% 的概率一无所获。

你会选择哪一个？想好了再做选择（别想着像我之前说的那样去计算期望值，跟着直觉走）。

我肯定会选 A。100 万美元够多了，我拿到手就可以退休了！如果选 B，最后一无所获，我会后悔一辈子。即便有 10% 的概率赢得 500 万美元，选 B 还是要冒风险。大多数人都会选 A。有 1% 的概率一无所获的 B 选项与不可能一无所获的 A 选项有着天壤之别。

我们再来设想第二种情况。你要在下面这两个没那么完美但同样颇具诱惑力的选项之间做出选择。

选择 X：11% 的概率赢得 100 万美元，89% 的概率一无所获。
选择 Y：10% 的概率赢得 500 万美元，90% 的概率一无所获。

这一次大多数人都会选 Y，我也不例外。即便我觉得 100 万美元就够了，但如果赢得 500 万美元和赢得 100 万美元的概率只差 1%，为什么不冒一下险，说不定能多赢 400 万美元呢?

先等一下，如果第一种情况选 A，第二种情况选 Y，那就互相矛盾了。

我们回到选择 A 和选择 B。为了做出更好的选择，理性的人会先剔除两个选项中相同的部分。我们稍微改变一下表述方式，让剔除和选择更容易。

选择 A: 89% 的概率赢得 100 万美元，11% 的概率赢得 100 万美元。
选择 B: 89% 的概率赢得 100 万美元，10% 的概率赢得 500 万美元，1% 的概率一无所获。

A、B 两个选项中都有 "89% 的概率赢得 100 万美元"，所以我们把这部分剔除，再比较剩下的 A' 和 B'。

选择 A': 11% 的概率赢得 100 万美元。
选择 B': 10% 的概率赢得 500 万美元，1% 的概率一无所获。

现在，你是选 A' 还是 B'? 多半是 B'。请注意，A'、B' 同 X、Y 是差不多的。我把后一组再贴出来。

选择 X: 11% 的概率赢得 100 万美元，89% 的概率一无所获。
选择 Y: 10% 的概率赢得 500 万美元，90% 的概率一无所获。

大多数人会选 B'，就像选 Y 一样。然而，在 A 和 B 中选，大多数人会选 A，前后不一又缺乏理性。因此，我们称之为悖论。

之所以会如此，是因为同样是 1% 的差距，0% 和 1%、10% 和 11% 完全是两回事。从数字来看，差距都是 1%，但从心理上看，两组给人的感觉截然不同，前一组是不会发生和会发生的差别，即确定性和不确定性的差别，而 10% 和 11% 给人的感觉是差不多的小概率。

阿莱悖论一针见血又妙不可言（至少我这么认为），但感觉太过武断。行为经济学家喜欢用博弈的例子来讨论选择情况，却让这个理论不接地气。怎么会有人让你 100% 赢得 100 万美元呢？这根本不叫博弈，现实生活中也不会发生这种事。不过，与新型冠状病毒相关的真实案例能让我们有真切的体会。

根据美国疾病控制和预防中心的数据，截至 2021 年 6 月，辉瑞的新型冠状病毒疫苗对住院的重症预防有效性为 95%，莫德纳疫苗的有效性是 94%。对新型冠状病毒疫苗的抱怨、担忧、争论、过度反应有很多，但还没见有人抱怨两种疫苗的效果那 1% 的差距。我自己接种的是莫德纳疫苗，虽然我受不了等 4 周才能打第二针，而辉瑞疫苗只需隔 3 周（还记得我说过自己没什么耐心吧），那 1% 的效果差距我也根本不在乎。我们假设政府规定，因为效果差 1%，莫德纳疫苗免费，辉瑞疫苗收费 100 美元，那么没什么人会为这 1% 花钱。

假如辉瑞疫苗的有效性为 100%，莫德纳疫苗的有效性为 99%，情况就完全不同了。此时我们讨论的是 100% 不会感染新型冠状病毒和有概率感染两种情形。这样就会有人花 100 美元接种辉瑞疫苗。这就是确定性效应。

每当面对延迟满足的选择，人们倾向于选择确定性（现在得到）而非不确定性（以后得到）。这种极度敏感很难克服。我教授阿莱悖论和确定性效应已经 30 年了，面对上述选择，我仍会屈从于确定性效应。**大部分人都厌恶风险，如果我们担心或害怕未来的不确定性，因而不敢冒险或等待获取更大的收益，那么最直接的解决方法就是增强对未来的信心。**[7]

如何才能做到这一点呢？一项研究为我们提供了具体方法。参与者被分成两组，一组要描述自己缺乏掌控力的情形，比如老板让自己周末加班，或者因为扭伤脚踝只能退出准备已久的锦标赛，另一组则要描述自己掌控全局的情形。一位参与者写下自己担任大学运动队队长的事，她有权决定训练计划和全队晚饭吃什么；另一位则回忆起自己在一家商店做经理时给员工分派任务的经历。研究发现，相比于描述自己缺乏掌控力的情形的参与者，那些写下自己掌控全局的情形的人更愿意等待以获取更好的回报。

疫情让所有人对未来充满担忧，不确定会发生什么，感到缺乏掌控力。就算没有这场灾难，我们也时常感到束手无策。为了重拾对未来的信心，我们要提醒自己，我们有能力改变自己和他人的人生。这能让我们做出更好的选择，基于事实而非恐惧的选择。

心理距离

人们会低估未来的回报的另一个原因听起来简单直接，那就是未来感觉很遥远。这同样告诉我们一个对策，那就是明白未来并不遥远。

我们用空间距离来类比以说明时间距离。你家附近着火了，即便火势不会蔓延到你家，你还是很担心。要是火灾发生在另一座城市，你可能都不会关注相关的新闻报道。我再举一个没那么晦气的例子。如果和你从同一所高中毕业的人获得了奥斯卡奖，即便与你无关，你也会很激动、很骄傲。如果是外国人获得奥斯卡奖，除非你是那个人的铁杆粉丝，否则不会在意。我们对未来的态度也是这样漠不关心，并且会低估未来的回报或痛苦。

我曾受邀参加在英国剑桥举办的一场小型研讨会并发言，研讨会的时间定在 6 个月后。接受邀请时我已经预约了一个小手术，手术时间就在研讨会前一个月。医生跟我说，大多数人做完这个手术一个月内就能出行。我以为自己会和大多数人一样，即便不一样，手术后也不会太疼，于是欣然接受了邀请。5 个月以后的一切都不确定，包括我可能会经历的疼痛。手术之后我才发现，自己必须在术后康复期的疼痛中准备发言稿。6 个月前接受邀请的时候，我忽略了许多细节。这真是不应该，我自己筹备会议时都会特意提前几个月向那些很难请的教授发出邀请，因为我很清楚，距离活动举办时间越远，他们越容易接受邀请。现在，我自己也中了这招。

时间贴现会导致过度承诺。兑现未来的承诺要付出的成本、精力和时间总会被我们严重低估。未来的各种痛苦会被低估，好处也不例外。以气

> ● Thinking 101
>
> **时间贴现**：个人对事件的价值量估计随着时间的流逝而下降的心理现象。

候变化为例，研究显示，人们更希望今年有 21 天空气好而不是明年有 35 天空气好。[8] 我们很容易想象当下的自己多么享受清新空气，而

未来的自己是什么样，是否还那么在意清新空气，都是未知数。

我们能否做些什么以避免掉入心理距离的陷阱呢？一种行之有效的方法是对未来事件尽可能考虑周全，设想越多细节越好，这样未来就感觉没那么遥远。一些炫酷的新设备也能提供帮助。

在一项研究中，研究人员借助沉浸式虚拟现实技术帮助年轻人为未来做好财务规划。[9]首先，他们为参与实验的大学生设计了虚拟数字形象。接着，他们对其中一些形象稍作改动，看上去快到退休年龄了。结果显示，那些虚拟形象年龄偏大的学生更倾向于把假想的 1 000 美元留到退休，其概率是那些虚拟形象与自己同龄的学生的 2 倍。

很多人没有机会接触精密的虚拟现实设备，但只要想象一下积极的未来事件就会有所帮助。[10]在一项实验中，参与者面对的是标准的延迟满足选择情境，即立刻得到 20 欧元和晚些时候得到更多的钱，比如 45 天后得到 35 欧元。在做出选择之前，参与者要列出接下来 7 个月计划做的事情，比如奥德丽可能计划 45 天后去罗马度假。参与者在两个好处中做出选择的时候，延迟选项就和计划产生了联系。奥德丽得知自己要么现在得到 20 欧元，要么 45 天后得到 35 欧元，后一选项下方有"在罗马度假"的提示。提醒人们计划好的事情就能显著减少他们对未来回报的无理贬低，鼓励他们选择延迟满足。

这种方法能有效帮助人们减少吸烟、喝酒和热量摄入。有一项研究针对体重超标的女性[11]，实验时间安排在午后，该时段距离午餐有一段时间，所以参与者很容易感到饥饿。她们脑子里都是肉丸、薯条、香肠、饼干、调味酱等大多数人都喜欢吃的食物，这会让她们冲动进食。接着，她们有 15 分钟的时间敞开吃这些东西，还要评价食物的味道。在味道测试期间，有一半的参与者被随机选中听自己的录音，内容是对未来可能发生在自己身上的好事的思考。另一半参与者则听自己朗读的一位女作家最近写的游记，游记内容跟她们的未来没有关系。15 分钟进食时间结束后，研究人员测量了每位参与者摄入的热量。那些思考自己未来的参与者平均摄入 800 卡，而那些没有考虑将来的参与者平均摄入了 1 100 卡。

什么时候该坚持，什么时候该放弃

在本章开始的时候，我解释了为什么低估未来回报的倾向缺乏理性，谈论了导致这种倾向的因素，这样我们就能想办法克服它。在本章结束之前，我要再声明一点。通过本章的讨论，抵抗即时回报的诱惑，以便未来获得更大回报，听起来似乎是毋庸置疑的好事。每个人都能变得更好，努力和毅力比天分更重要，这些都是现今心理学领域最热门的话题。市面上有那么多名人畅销书，都在宣传他们凭借坚韧的性格和永不言弃的精神扭转最初的劣势，最终取得伟大成就的故事。许多项目通过性格塑造和提升自制力来减少药物和酒精滥用以及犯罪，其中一些项目还得到了政府的资助。我非常欣赏人们做出的这些努力。

与此同时，我也担心过于片面强调自制力会适得其反。成功人士不畏艰难险阻始终如一的故事总是那么鼓舞人心。然而，只考虑这些正面事例就会导致我们在第 2 章讨论的证实性偏差。很多人坚持数年一无所获，这样的反例数不胜数。《小火车头做到了》（*The Little Engine That Could*）①的宣言应该收敛一些。之所以这么说，是因为我观察到一个现象，即焦虑成了青少年和年轻人群体的流行病。

美国国家精神卫生研究所的资料显示，近 1/3 的青少年至少有过一次焦虑情况。焦虑不仅普遍存在，而且愈演愈烈。[12] 在 18 ~ 25 岁的青年人中，焦虑群体占比从 2008 年的 8% 增加到 2018 年的 15%。我亲身体会到了这一发展势头。很多优秀的学生都曾患上错失恐惧症（害怕错过），他们不是害怕错过有趣的事情，而是害怕错过他们不懈追求成功的过程中的关键节点。我也不例外。本章开头讲的就是我逼自己在 25 岁拿到博士学位的故事。

这个故事还有后续。拿到博士学位后不久，我就拿着做博士后研究工作攒的钱去巴黎玩。那是我第一次去巴黎。尽管只能住在青年旅社那比衣柜大不了多少的房间里，但我看到的一切都那么美，尝到的一切都那么美味。我发现了可丽饼和洋葱汤，知道了可以在法棍里面加尽可能多的黄油，就像在火腿三明治里加一片厚厚的奶酪一样好吃。对我来说，最大的文化冲击是看到很多人在工作日抽出 2 个小时悠闲地享用午餐，还会喝点酒。在我看来，吃午饭只会影响工作效率，在盯着电脑或阅读文章时花 10 分钟把食物塞进嘴里就完事。

我还参观了巴黎的博物馆，在欣赏那些描绘 200 多年前人们的奇怪习俗的画作时，我脑子里突然冒出一个想法。画中的人认为离婚是违法的，紧身胸衣是女性必备的时尚单品。那我们现在认为是理所当

①《小火车头做到了》是美国最著名、最受欢迎的儿童图书之一。书中不断重复的那句"我想我可以"已经成为美国流行词汇的一部分。——译者注

然的事情，在未来的人看来是不是错误又可笑呢？

那时我刚拿到博士学位，一直在思考自己的坚持、付出和延迟满足是否值得。这趟博物馆之旅让我得出一个结论：也许我们活着就要工作的想法会被未来的人嘲笑。大多数人只有工作才能生存，即便特权阶层也要一直努力工作，我们怎么创造了这样一个社会？山就在那里，登上山顶成为衡量一个人价值的标准，这就是我们打造的神话。然而，我们到了山顶才发现，前方还有一座山，山外又有山。大多数人一生要么在地面上艰难求生，要么不断攀登一座又一座大山。

实际上，也许用不了 200 年，人们就会意识到过分看重工作这件事太荒谬了。很多欧洲国家的人似乎已经明白了这一点。丹麦、挪威和芬兰等北欧国家的幸福指数位居世界前列，一个重要原因就是全民拥有免费的教育和医疗，这让他们能够更好地平衡工作和生活。

过度自制不仅会影响人们的心理健康和幸福生活，还会损害身体，对那些家境贫困的人危害更大。[13] 在一项研究中，研究人员对佐治亚州农村非裔贫困家庭的青少年进行了数年的追踪调查。[14] 他们测量了这些青少年的自制力。我即将描述的研究结果与直觉相悖，为了打消各位的疑惑，我先解释一下他们是如何测量自制力的。自制力水平的测定既包含这些青少年的照顾者的看法，也有自我评价，即回答对"我经常反思自己距离目标还有多远""如果想要改变，我相信能够做到"等论述的认可程度。这些青少年的自制力差别之大在我们的意料之中。研究人员发现，那些在 17 ～ 19 岁时自制力更强的少年，在 22 岁时滥用药物和实施暴力行为的概率更低。这是我们能够预见的结果，也是自制力的积极影响。此外，该研究还有一项惊人发现：

青少年时期自制力更强的人步入青年后，免疫细胞衰老得更快。另一项研究也发现了类似的规律：贫困家庭的孩子自制力很强，他们虽然很少触犯法律、滥用药物，但心血管系统比较脆弱，通常表现为肥胖、血压高、压力激素水平高等。

这是怎么一回事呢？这些家境困苦又非常自制的青少年在学校和社会生活中表现得很好时，他们想要维持自己的表现，甚至做得更好。由于身处逆境，他们会不断遇到挑战和困难。因为拥有很强的自制力，这些孩子会选择迎难而上，而不是放弃。生活变成了一场永无休止的战斗。他们的压力激素系统一直保持活跃，最终导致身体健康受损。

过度自制的伤害并不是只发生在贫困家庭的孩子身上。另有一项研究招募普通大学生参加心理学实验，这些参与者不是都来自贫困家庭，参与实验的回报是获得该课程的部分学分。[15] 首先，研究人员测量参与者既有的自制力，他们要回答对 "我想控制自己的感受" "我希望自己改掉不好的习惯" 等论述的认可程度。

接着，参与者要完成一项打字任务。一些人的任务很简单，就是用键盘输入一段文字，那段文字是他们的母语希伯来语。其他人的任务就不简单了，他们要用非母语，也就是英语输入一段文字，只能用不常用的那只手，还要省略字母 e，也不能用空格键。"If a cluttered desk is a sign of a cluttered mind, of what, then, is an empty desk a sign?"[①]（爱因斯坦的名言）这句话就变成了 "Ifacluttrddskisasignofacl

---

① 这句话的意思是："如果桌面凌乱表明头脑凌乱，那么桌面空空如也又意味着什么呢？"——译者注

uttrdmind,ofwhat,thn,isanmptydskasign?"。（天哪，我这个天天说英语的人用两只手输入这句话都很难。）

现在，我们会以为那些非常重视自制力的人两项任务都完成得不错，对吧？事情根本不是这样。强烈的自我控制欲望在人们执行简单任务的时候有些优势，面对艰巨的任务时则刚好相反，那些非常想控制自己的人比那些不想控制自己的人表现更糟。

为什么会这样？因为完成艰巨的任务需要极强的自制力。那些具有强烈自我控制欲望的人很快就意识到期望（完美表现）和实际表现之间的差距。目标看起来遥不可及，这令他们感到沮丧。结果，他们没那么努力，最终的表现也不尽如人意。

我想，这在某种程度上揭示了年轻人群体中不断蔓延的焦虑情绪。贫困家庭的孩子觉得一定要超越自己的原生家庭，而富裕家庭的孩子身边都是优等生，每天打开社交媒体，看到的都是别人在炫耀自己的才能与成就，这不断提醒他们"应当"达到的高度。真实自我和理想自我的割裂会让这些高度自制的学生逼自己太紧，从而产生压力、焦虑和挫败感。

什么时候该坚持，什么时候该放弃，这很难抉择。为此，我每天都提醒自己要享受做事的过程，而不是急于得到结果。做瑜伽中的骆驼式时，我会听从教练的指导，该呼吸的时候呼吸，同时让大腿与地面垂直，脊柱向后弯曲，胸部与天花板平行，双手尝试抓住仿佛永远也抓不到的脚后跟。我的瑜伽教练说，呼吸决定了你的动作完成度，如果你觉得呼吸不畅，就赶紧停止。我一直谨遵这条建议，否则我这个控制狂不知道会受多少伤。我可能永远也做不好骆驼式，但这只能怪我自己胳膊不够长。我依然很享受顺畅呼吸的同时脊柱被激活、血液流经大脑的感觉。

一个目标如果值得追求，即便练习总是伴随着痛苦，也会让人感觉很棒，就像运动、麻辣火锅和冰镇苏打水带给人的疼痛刺激。**如果你认为要伤害自己才能获得好处，如果只有最终目标而非过程才能让你开心，那你就要停下来思考哪里出了问题，是自己的天赋不够，还是你对成就的看法有问题。**

**心理学
第一课**

1. 一项艰巨任务带来的痛苦如果推到将来，往往会比此刻更容易忍受，这就是人们拖延的原因。

2. 有时候，我们会因为缺乏自制力而放弃延迟满足，转移注意力或许可以抵抗即时诱惑。

3. 如果我们担心或害怕未来的不确定性，因而不敢冒险或等待获取更大的收益，最直接的解决方法就是增强对未来的信心。

4. 人们会低估未来的一个原因是感觉未来很遥远，这同时也提供了一个对策，那就是明白未来其实并不遥远。

5. 自制力很重要，但过度自制会影响人们的心理健康和幸福生活，还会损害身体。

6. 什么时候该坚持，什么时候该放弃，这很难抉择，重要的是享受做事情的过程，而不要急于得到结果。

更善于思考让世界变得更美好

为什么人想要变得更善于思考？有个答案简单明了，我听过很多人这么说："我想通过学习变得比在座各位更聪明。"比如，你了解了损失厌恶，就能利用别人的恐惧，制订相应的商业计划和投资计划来获利。了解了人们会因信息呈现的不同顺序对同一结果产生截然不同的看法，你就能操控他人的想法。当然，我希望你阅读这本书不是为了这些目的。

认知心理学如何让世界变得更美好是我一直在思考的问题。变得比别人聪明或优秀并不是让世界变得更美好的最佳途径。所以，让我们回过头来看看，理解思维中的错误是如何让世界变得更美好的。我认为，更美好的世界更公平，而想要公平，我们在思考时就要摒除偏差。

首先，每个人都要公正地看待自己。我们会为了维持自己的不安全感刻意寻找支持证据（详见第 2 章），或用所有的创造力为自己的不幸编造最不现实的理由（详见第 6 章），我们不应该为此感到自卑。我们也不该过度自信，对自身的局限性视而不见，把自己置于无法应对的状况（详见第 1 章）。我们为自己做的决定应当尽可能公正，并基于能够提供最准确预测的统计学概念和概率论（详见第 4 章）。知道自己会轻信趣闻轶事，并陷入框架效应和损失厌恶的陷阱，我们就能与想利用这些技巧超越我们的人一较高下（详见第 5 章）。如果我们无法充分考虑未来，那这就是没有公正地看待自己，但为了未来牺牲现在同样也不妥当（详见第 8 章）。

其次，我们也要更加公正地看待他人，更好的思考减少了偏差，所以更公平。某个群体擅长某事并不能说明他们与众不同，因为总会有同样擅长或更擅长此事的群体出现。为每个人提供公平的机会是检验这一点是否成立的唯一恰当方式（详见第 2 章）。某一事件背后有许多可能的原因，意识到这一点，我们就能更公正地追究责任或分配功劳（详见第 3 章）。想要社会更平等，最直接的方法是询问人们的需求，而不是固守原有的认知（详见第 7 章）。预见他人的缺点，比如屡见不鲜的规划谬误（详见第 1 章），提前制订备用计划，我们就能对他人更有耐心，尤其是没有读过本书的人！

我们要花些时间才能破除旧思想，适应新的思考方式，就像新牛仔裤或新鞋有磨合期一样。我们当然不会也不可能搞定所有事情，但不妨多花点时间跟自己或他人交流想法，讨论如何做事。

　　我首先要感谢所有的认知心理学家，他们的研究为本书奠定了理论基础，尤其是我在书中援引的实验。在这些心理学家中，我最想感谢的是丹尼尔·卡尼曼和已故的阿莫斯·特沃斯基，没有他们，这个世界会变得更糟糕，他们的研究石破天惊，怎么感谢都不为过。

　　我还要感谢所有选修"思考"这门课的学生。他们对学习充满热情，会在自己犯错的时候大笑自嘲，我因此有动力每周花 20 个小时准备 3 个小时的课，收集更好、更新的案例和笑话让他们听得更投入，让课程内容在他们的脑子里停留更久。没有学生的热情，就没有这本书。我要特别感谢艾丽西亚·玛祖拉（Alicia Mazzurra），她在 2021 年秋天选修了这门课，并想出了本书的英文副书名[①]。

　　资深编辑威尔·施瓦尔贝（Will Schwalbe）天生就会讲故事，他耐心又熟练地和我一起多次修改本书书稿。他对心智理论有着深刻的理解，作者的困难和读者的观点他都了然于胸。我非常享受和这位优秀编辑的合作，在本书即将完成时，我甚至感到有些难过。

————————

① 本书的英文副书名是：*How to Reason Better to Live Better*。——编者注

吉姆·莱文（Jim Levine）是我的图书经纪人，从本书的构思阶段开始就给我很大帮助。他坚持认为应该从如何更好地思考这个积极的角度切入，而不是论述我们在思考时哪里出了问题这样的消极看法。阿瑟·戈德瓦格（Arthur Goldwag）让本书的语言变得更流畅，校订了我这个非母语人士的英语，同时又保留了我的语言风格。编辑办公室的萨曼莎·祖克古德（Samantha Zukergood）和安德烈娅·莫斯克达（Andrea Mosqueda）从年轻人的角度给本书提了意见。我还要谢谢文字编辑比尔·沃霍普（Bill Warhop）的细心工作。

我在书中提到了我自己的研究，它们均由美国国家心理卫生研究所和美国国家人类基因组研究所（National Human Genome Research Institute）资助。我还要感谢重启基金会（Reboot Foundation）的慷慨馈赠。

最后，我要感谢我的丈夫马文·千（Marvin Chun）。1998 年，我在耶鲁大学担任助理教授时参加了一个小组研讨会，参与者都是女教授，主题是如何平衡事业和家庭。一位组员说秘诀只有一个，那就是找个好丈夫。我幸运地找到了。结婚这么多年，我们共同承担家务、抚养孩子，两个孩子一个随他姓，一个随我姓。马文一直支持我的工作，在我对自己失去信心时，他会发自内心地感到难过。作为认知心理学家，马文的"心理学导论"课程多年来一直受到学生的热烈欢迎。他读过这本书每一章的初稿，提出了建设性的意见。作为丈夫，马文在被疫情困在家中时，整天听我写作顺利时的吹嘘和不顺时的抱怨。谢谢你为我做的一切。

第 1 章 你多久能学会 6 秒钟的韩团舞蹈

1. Michael Kardas and Ed O'Brien, "Easier seen than done: Merely watching others perform can foster an illusion of skill acquisition," *Psychological Science* (2018).

2. Woo-kyoung Ahn and Charles W. Kalish, "The role of mechanism beliefs in causal reasoning," *Explanation and Cognition* (2000): 199–225.

3. Adam L. Alter and Daniel M. Oppenheimer, "Predicting short-term stock fluctuations by using processing fluency," *Proceedings of the National Academy of Sciences* 103, no. 24 (2006): 9369–72.

4. Matthew Fisher, Mariel K. Goddu, and Frank C. Keil, "Searching for explanations: How the internet inflates estimates of internal knowledge," *Journal of Experimental Psychology: General* 144, no. 3 (2015): 674.

5. Leonid Rozenblit and Frank Keil, "The misunderstood limits of folk science: An illusion of explanatory depth," *Cognitive Science* 26, no. 5 (2002): 521–62.

6. Philip M. Fernbach, Todd Rogers, Craig R. Fox, and Steven A. Sloman, "Political extremism is supported by an illusion of

understanding,"*Psychological Science* 24, no. 6 (2013): 939–46.

7. Roger Buehler and Dale Griffin, "Planning, personality, and prediction: The role of future focus in optimistic time predictions,"*Organizational Behavior and Human Decision Processes* 92, no. 1–2 (2003): 80–90.

8. Stephanie M. Matheson, Lucy Asher, and Melissa Bateson, "Larger, enriched cages are associated with 'optimistic' response biases in captive European starlings (Sturnus vulgaris),"*Applied Animal Behaviour Science* 109, no. 2–4 (2008): 374–83.

第 2 章 你认为 "2，4，6" 这 3 个数字的规律是什么

1. Peter C. Wason, "On the failure to eliminate hypotheses in a conceptual task,"*Quarterly Journal of Experimental Psychology* 12, no. 3 (1960): 129–40.

2. Keith E. Stanovich, Richard F. West, and Maggie E. Toplak, *The rationality quotient: Toward a test of rational thinking* (CITY: MIT Press, 2016).

3. A. Regalado, "More than 26 million people have taken an at-home ancestry test,"*MIT Technology Review,* February 11, 2019.

4. Matthew S. Lebowitz and Woo-kyoung Ahn, "Testing positive for a genetic predisposition to depression magnifies retrospective memory for depressive symptoms,"*Journal of Consulting and Clinical Psychology* 85, no. 11 (2017): 1052.

5. Ryan D. Tweney, Michael E. Doherty, Winifred J. Worner, Daniel B. Pliske, Clifford R. Mynatt, Kimberly A. Gross, and Daniel L. Arkkelin, "Strategies of rule discovery in an inference task,"*Quarterly Journal of Experimental Psychology* 32, no. 1 (1980): 109–23.

6. Ziva Kunda, Geoffrey T. Fong, Rasyid Sanitioso, and Emily Reber, "Directional questions direct self-conceptions," *Journal of Experimental Social Psychology* 29, no. 1 (1993): 63–86.

7. Frances H. Rauscher, Gordon L. Shaw, and Katherine N. Ky. "Music and spatial task performance," *Nature* 365, no. 6447 (1993): 611–611.

8. Judyf S. DeLoache, Cynthia Chiong, Kathleen Sherman, Nadia Islam, Mieke Vanderborght, Georgene L. Troseth, Gabrielle A. Strouse, and Katherine O'Doherty, "Do babies learn from baby media?" *Psychological Science* 21, no. 11 (2010): 1570–1574.

第3章 为什么你认为的"罪魁祸首"很可能是无辜的

1. For detailed accounts, see for example John M. Barry, *The great influenza: The story of the deadliest pandemic in history* (New York: Viking Press, 2004).

2. Liad Bareket-Bojmel, Guy Hochman, and Dan Ariely, "It's (not) all about the Jacksons: Testing different types of short-term bonuses in the field," *Journal of Management* 43, no. 2 (2017): 534–54.

3. Ilan Dar-Nimrod and Steven J. Heine, "Exposure to scientific theories affects women's math performance," *Science* 314, no. 5798 (2006): 435.

4. Daniel Kahneman and Amos Tversky, "The psychology of preferences," *Scientific American* 246, no. 1 (1982): 160–73.

5. Dale T. Miller and Saku Gunasegaram, "Temporal order and the perceived mutability of events: Implications for blame assignment," *Journal of Personality and Social Psychology* 59, no. 6 (1990): 1111.

6. Vittorio Girotto, Paolo Legrenzi, and Antonio Rizzo, "Event

controllability in counterfactual thinking, " *Acta Psychologica* 78, no. 1–3 (1991): 111–33.

7. Sonja Lyubomirsky and Susan Nolen-Hoeksema, " Effects of self-focused rumination on negative thinking and interpersonal problem solving, " *Journal of Personality and Social Psychology* 69, no. 1 (1995): 176–90.

8. Susan Nolen-Hoeksema, Susan, Blair E. Wisco, and Sonja Lyubomirsky, " Rethinking rumination, " *Perspectives on Psychological Science* 3, no. 5 (2008): 400–24.

9. Ethan Kross, Ozlem Ayduk, and Walter Mischel, " When asking 'why' does not hurt distinguishing rumination from reflective processing of negative emotions, " *Psychological Science* 16, no. 9 (2005): 709–15.

10. Ethan Kross and Ozlem Ayduk, " Facilitating adaptive emotional analysis: Distinguishing distanced-analysis of depressive experiences from immersed-analysis and distraction, " *Personality and Social Psychology Bulletin* 34, no. 7 (2008): 924–38.

第 4 章 "吸烟有害健康" 的字样和令人反感的图片，哪一个让你印象更深刻

1. Tim McAfee, Kevin C. Davis, Robert L. Alexander Jr, Terry F. Pechacek, and Rebecca Bunnell, " Effect of the first federally funded US antismoking national media campaign, " *The Lancet* 382, no. 9909 (2013): 2003–11.

2. Eugene Borgida and Richard E. Nisbett, " The differential impact of abstract vs. concrete information on decisions, " *Journal of Applied Social Psychology* 7, no. 3 (1977): 258–71.

3. Deborah A. Small, George Loewenstein, and Paul Slovic, "Sympathy and callousness: The impact of deliberative thought on donations to identifiable and statistical victims," *Organizational Behavior and Human Decision Processes* 102, no. 2 (2007): 143–53.

4. Geoffrey T. Fong, David H. Krantz, and Richard E. Nisbett, "The effects of statistical training on thinking about everyday problems," *Cognitive Psychology* 18, no. 3 (1986): 253–92.

5. David M. Eddy, "Probabilistic reasoning in clinical medicine: Problems and opportunities," *Judgment under Uncertainty: Heuristics and Biases,* edited by Daniel Kahneman, Paul Slovic, and Amos Tversky (Cambridge: Cambridge University Press, 1982), 249–67.

6. Philip Dawid and Donald Gillies, "A Bayesian analysis of Hume's argument concerning miracles," *Philosophical Quarterly (1950-)* 39, no. 154 (1989): 57–65.

7. United States Government Accountability Office Report to Congressional Requesters, "Countering violent extremism: Actions needed to define strategy and assess progress of federal efforts," (GAO-17-300I), April 2017. I would like to thank my former undergraduate student Alexandra Otterstrom for pointing me to the sources that this analysis is based on.

8. Mary L. Gick and Keith J. Holyoak, "Schema induction and analogical transfer," *Cognitive Psychology* 15, no. 1 (1983): 1–38.

第5章　为什么购物网站的商家都害怕被消费者打差评

1. Geng Cui, Hon-Kwong Lui, and Xiaoning Guo, "The effect of online consumer reviews on new product sales," *International Journal of*

Electronic Commerce 17, no. 1 (2012): 39–58.

2. Susan T. Fiske, "Attention and weight in person perception: The impact of negative and extreme behavior," *Journal of Personality and Social Psychology* 38, no. 6 (1980): 889–906.

3. Roy F. Baumeister, Ellen Bratslavsky, Catrin Finkenauer, and Kathleen D. Vohs, "Bad is stronger than good," *Review of General Psychology* 5, no. 4 (2001): 323–70.

4. Irwin P. Levin and Gary J. Gaeth, "How consumers are affected by the framing of attribute information before and after consuming the product," *Journal of Consumer Research* 15, no. 3 (1988): 374–78.

5. Woo-kyoung Ahn, Sunnie S. Y. Kim, Kristen Kim, and Peter K. McNally, "Which grades are better, A's and C's, or all B's? Effects of variability in grades on mock college admissions decisions," *Judgment & Decision Making* 16, no. 6 (2019): 696–710.

6. Daniel Kahneman and Amos Tversky, "Prospect theory: An analysis of decision under risk," *Econometrica* 47, no. 2 (1979): 263–92.

7. C. Whan Park, Sung Youl Jun, and Deborah J. MacInnis, "Choosing what I want versus rejecting what I do not want: An application of decision framing to product option choice decisions," *Journal of Marketing Research* 37, no. 2 (2000): 187–202.

8. Roland G. Fryer, Steven D. Levitt, John List, and Sally Sadoff, *Enhancing the efficacy of teacher incentives through loss aversion: A field experiment,* No. w18237, National Bureau of Economic Research, 2012.

9. Jack L.Knetsch, "The endowment effect and evidence of nonreversible indifference curves," *American Economic Review* 79, no. 5 (1989):

1277–84.

10. C. Nathan DeWall, David S. Chester, and Dylan S. White, "Can acetaminophen reduce the pain of decision-making?" *Journal of Experimental Social Psychology* 56 (2015): 117–20.

11. Barbara J. McNeil, Stephen G. Pauker, Harold C. Sox Jr., and Amos Tversky, "On the elicitation of preferences for alternative therapies," *New England Journal of Medicine* 306, no. 21 (1982): 1259–62.

12. Eldar Shafir, "Choosing versus rejecting: Why some options are both better and worse than others," *Memory & Cognition* 21, no. 4 (1993): 546–56.

第6章 交通信号灯里的黄灯是黄色的吗

1. Graham E. Quinn, Chai H. Shin, Maureen G. Maguire, and Richard A. Stone, "Myopia and ambient lighting at night," *Nature* 399, no. 6732 (1999): 113–14.

2. "Night-light may lead to nearsightedness," CNN .com, May 13, 1999.

3. Karla Zadnik, Lisa A. Jones, Brett C. Irvin, Robert N. Kleinstein, Ruth E. Manny, Julie A. Shin, and Donald O. Mutti, "Myopia and ambient night-time lighting," *Nature* 404, no. 6774 (2000): 143–44.

4. Ulysses Torassa, "Leave it on: Study says night lighting won't harm children's eyesight," CNN .com, March 8, 2000.

5. Eric G. Taylor and Woo-kyoung Ahn, "Causal imprinting in causal structure learning," *Cognitive Psychology* 65, no. 3 (2012): 381–413.

6. Corinne A. Moss-Racusin, John F. Dovidio, Victoria L. Brescoll, Mark J. Graham, and Jo Handelsman, "Science faculty's subtle gender biases

favor male students, " *Proceedings of the National Academy of Sciences* 109, no. 41 (2012): 16474–79.

7. Joshua Correll, Bernadette Park, Charles M. Judd, and Bernd Wittenbrink, " The police officer's dilemma: Using ethnicity to disambiguate potentially threatening individuals, " *Journal of Personality and Social Psychology* 83, no. 6 (2002): 1314–29.

8. Charles G. Lord, Lee Ross, and Mark R. Lepper, " Biased assimilation and attitude polarization: The effects of prior theories on subsequently considered evidence, " *Journal of Personality and Social Psychology* 37, no. 11 (1979): 2098–109.

9. Dan M. Kahan, Ellen Peters, Erica Cantrell Dawson, and Paul Slovic, " Motivated numeracy and enlightened self-government, " *Behavioural Public Policy* 1, no. 1 (2017): 54–86.

10. Jessecae K. Marsh and Woo-kyoung Ahn, " Spontaneous assimilation of continuous values and temporal information in causal induction, " *Journal of Experimental Psychology: Learning, Memory, and Cognition* 35, no. 2 (2009): 334–52.

第7章　我画得这么好，为什么你还是猜不出我画了什么

1. Justin Kruger, Nicholas Epley, Jason Parker, and Zhi-Wen Ng, " Egocentrism over e-mail: Can we communicate as well as we think? " *Journal of Personality and Social Psychology* 89, no. 6 (2005): 925–36.

2. Kenneth Savitsky, Boaz Keysar, Nicholas Epley, Travis Carter, and Ashley Swanson, " The closeness-communication bias: Increased egocentrism among friends versus strangers, " *Journal of Experimental Social Psychology* 47, no. 1 (2011): 269–73.

3. Susan A. J. Birch and Paul Bloom, "The curse of knowledge in reasoning about false beliefs," *Psychological Science* 18, no. 5 (2007): 382–86.

4. L. Newton, "Overconfidence in the communication of intent: Heard and unheard melodies" (unpublished Ph.D. diss., Stanford University, 1990).

5. Stephen M. Garcia, Kimberlee Weaver, and Patricia Chen, "The status signals paradox," *Social Psychological and Personality Science* 10, no. 5 (2019): 690–96.

6. Shali Wu and Boaz Keysar, "The effect of culture on perspective taking," *Psychological Science* 18, no. 7 (2007): 600–606.

7. Xiao Pan Ding, Henry M. Wellman, Yu Wang, Genyue Fu, and Kang Lee, "Theory-of-mind training causes honest young children to lie," *Psychological Science* 26, no. 11 (2015): 1812–21.

8. Claire L. Adida, Adeline Lo, and Melina R. Platas, "Perspective taking can promote short-term inclusionary behavior toward Syrian refugees," *Proceedings of the National Academy of Sciences* 115, no. 38 (2018): 9521–26.

9. Tal Eyal, Mary Steffel, and Nicholas Epley, "Perspective mistaking: Accurately understanding the mind of another requires getting perspective, not taking perspective," *Journal of Personality and Social Psychology* 114, no. 4 (2018): 547–71.

10. David Comer Kidd and Emanuele Castano, "Reading literary fiction improves theory of mind," *Science* 342, no. 6156 (2013): 377–80.

11. Colin F. Camerer, Anna Dreber, Felix Holzmeister, Teck-Hua Ho, Jürgen Huber, Magnus Johannesson, Michael Kirchler et al., "Evaluating

the replicability of social science experiments in *Nature* and *Science* between 2010 and 2015," *Nature Human Behaviour* 2, no. 9 (2018): 637–44.

第 8 章　现在给你 340 美元或 6 个月后给你 390 美元，你会如何选择

1. The discussion of irrationality of delay discounting is based on Jonathan Baron, *Thinking and deciding* (Cambridge: Cambridge University Press, 2000).

2. Walter Mischel, Ebbe B. Ebbesen, and Antonette Raskoff Zeiss, "Cognitive and attentional mechanisms in delay of gratification," *Journal of Personality and Social Psychology* 21, no. 2 (1972): 204–18.

3. Tyler W. Watts, Greg J. Duncan, and Haonan Quan, "Revisiting the marshmallow test: A conceptual replication investigating links between early delay of gratification and later outcomes," *Psychological Science* 29, no. 7 (2018): 1159–77.

4. See for example Armin Falk, Fabian Kosse, and Pia Pinger, "Re-revisiting the marshmallow test: a direct comparison of studies by Shoda, Mischel, and Peake (1990) and Watts, Duncan, and Quan (2018)," *Psychological Science* 31, no. 1 (2020): 100–104.

5. James Grosch and Allen Neuringer, "Self-control in pigeons under the Mischel paradigm," *Journal of the Experimental Analysis of Behavior* 35, no. 1 (1981): 3–21.

6. Amos Tversky and Eldar Shafir, "The disjunction effect in choice under uncertainty," *Psychological Science* 3, no. 5 (1992): 305–10.

7. Priyanka D. Joshi and Nathanael J. Fast, "Power and reduced temporal discounting," *Psychological Science* 24, no. 4 (2013): 432–38.

8. David J. Hardisty and Elke U. Weber, "Discounting future green: money versus the environment," *Journal of Experimental Psychology: General* 138, no. 3 (2009): 329–40.

9. Hal E. Hershfield, Daniel G. Goldstein, William F. Sharpe, Jesse Fox, Leo Yeykelis, Laura L. Carstensen, and Jeremy N. Bailenson, "Increasing saving behavior through age-progressed renderings of the future self," *Journal of Marketing Research* 48, no. SPL (2011): S23–37.

10. Jan Peters and Christian Büchel, "Episodic future thinking reduces reward delay discounting through an enhancement of prefrontal-mediotemporal interactions," *Neuron* 66, no. 1 (2010): 138–48.

11. T. O. Daniel, C. M. Stanton, and L. H. Epstein, "The future is now: Reducing impulsivity and energy intake using episodic future thinking," *Psychological Science* 24, no. 11 (2013): 2339–42.

12. Renee D. Goodwin, Andrea H. Weinberger, June H. Kim, Melody Wu, and Sandro Galea, "Trends in anxiety among adults in the United States, 2008–2018: Rapid increases among young adults," *Journal of Psychiatric Research* 130 (2020): 441–46.

13. Gregory E. Miller, Tianyi Yu, Edith Chen, and Gene H. Brody, "Self-control forecasts better psychosocial outcomes but faster epigenetic aging in low-SES youth," *Proceedings of the National Academy of Sciences* 112, no. 33 (2015): 10325–30.

14. Gene H. Brody, Tianyi Yu, Edith Chen, Gregory E. Miller, Steven M. Kogan, and Steven R. H. Beach, "Is resilience only skin deep? Rural African Americans' socioeconomic status–related risk and competence in preadolescence and psychological adjustment and allostatic load at age 19," *Psychological Science* 24, no. 7 (2013): 1285–93.

15. Liad Uziel and Roy F. Baumeister, "The self-control irony: Desire for self-control limits exertion of self-control in demanding settings," *Personality and Social Psychology Bulletin* 43, no. 5 (2017): 693–705.

未来，属于终身学习者

我们正在亲历前所未有的变革——互联网改变了信息传递的方式，指数级技术快速发展并颠覆商业世界，人工智能正在侵占越来越多的人类领地。

面对这些变化，我们需要问自己：未来需要什么样的人才？

答案是，成为终身学习者。终身学习意味着永不停歇地追求全面的知识结构、强大的逻辑思考能力和敏锐的感知力。这是一种能够在不断变化中随时重建、更新认知体系的能力。阅读，无疑是帮助我们提高这种能力的最佳途径。

在充满不确定性的时代，答案并不总是简单地出现在书本之中。"读万卷书"不仅要亲自阅读、广泛阅读，也需要我们深入探索好书的内部世界，让知识不再局限于书本之中。

湛庐阅读 App: 与最聪明的人共同进化

我们现在推出全新的湛庐阅读App，它将成为您在书本之外，践行终身学习的场所。

- 不用考虑"读什么"。这里汇集了湛庐所有纸质书、电子书、有声书和各种阅读服务。
- 可以学习"怎么读"。我们提供包括课程、精读班和讲书在内的全方位阅读解决方案。
- 谁来领读？您能最先了解到作者、译者、专家等大咖的前沿洞见，他们是高质量思想的源泉。
- 与谁共读？您将加入优秀的读者和终身学习者的行列，他们对阅读和学习具有持久的热情和源源不断的动力。

在湛庐阅读 App 首页，编辑为您精选了经典书目和优质音视频内容，每天早、中、晚更新，满足您不间断的阅读需求。

【特别专题】【主题书单】【人物特写】等原创专栏，提供专业、深度的解读和选书参考，回应社会议题，是您了解湛庐近千位重要作者思想的独家渠道。

在每本图书的详情页，您将通过深度导读栏目【专家视点】【深度访谈】和【书评】读懂、读透一本好书。

通过这个不设限的学习平台，您在任何时间、任何地点都能获得有价值的思想，并通过阅读实现终身学习。我们邀您共建一个与最聪明的人共同进化的社区，使其成为先进思想交汇的聚集地，这正是我们的使命和价值所在。

CHEERS

湛庐阅读 App
使用指南

读什么

· 纸质书
· 电子书
· 有声书

怎么读

· 课程
· 精读班
· 讲书
· 测一测
· 参考文献
· 图片资料

与谁共读

· 主题书单
· 特别专题
· 人物特写
· 日更专栏
· 编辑推荐

谁来领读

· 专家视点
· 深度访谈
· 书评
· 精彩视频

HERE COMES EVERYBODY

下载湛庐阅读 App
一站获取阅读服务

图书在版编目（CIP）数据

耶鲁的心理学第一课 / （美）安宇敬
(Woo-kyoung Ahn) 著；陈晓宇译. -- 杭州 ：浙江教育
出版社，2024.6（2024.8 重印）
　 ISBN 978-7-5722-7889-1

　Ⅰ. ①耶⋯ Ⅱ. ①安⋯ ②陈⋯ Ⅲ. ①心理学 Ⅳ.
①B84

中国国家版本馆CIP数据核字(2024)第100882号

浙江省版权局
著作权合同登记号
图字：11-2024-080号

上架指导：心理学 / 思维认知

耶鲁的心理学第一课
YELU DE XINLIXUE DIYIKE

［美］安宇敬（Woo-kyoung Ahn） 著
陈晓宇 译

责任编辑： 李　剑　周涵静
美术编辑： 韩　波
责任校对： 王晨儿
责任印务： 沈久凌
封面设计： ablackcover.com
出版发行： 浙江教育出版社（杭州市环城北路 177 号）
印　　刷： 唐山富达印务有限公司
开　　本： 880mm × 1230mm 1/32　　　　**插　　页：** 1
印　　张： 7.625　　　　**字　　数：** 190 千字
版　　次： 2024 年 6 月第 1 版　　　　**印　　次：** 2024 年 8 月第 2 次印刷
书　　号： ISBN 978-7-5722-7889-1　　　　**定　　价：** 89.90 元

如发现印装质量问题，影响阅读，请致电 010-56676359 联系调换。